倾世之才，倾城之恋

张爱玲传

张其姝 作品

民主与建设出版社
·北京·

博集天卷
CS·BOOKY

因为懂得，

所以慈悲

出名要趁早呀！
来得太晚的话，快乐也不那么痛快

笑，全世界便与你同声笑；
哭，你便独自哭

长的是磨难，

短的是人生

女人一辈子讲的是男人，

念的是男人，怨的是男人，永远永远

也许爱不是热情，也不是怀念，

不过是岁月，年深月久成了生活的一部分

对于大多数的女人，
"爱"的意思就是"被爱"

这张脸好像写得很好的第一章，使人想看下去。

——张爱玲

见了他，她变得很低很低，低到尘埃里，但她心里是欢喜的，从尘埃里开出花来。

——张爱玲

生命是一袭华美的袍，爬满了蚤子。

——张爱玲

倾世之才，倾城之恋

张｜爱｜玲｜传

闻香似是故人来

张爱玲是惯会用比喻的，三十年前的月亮、白流苏的玻璃雨衣、红玫瑰和白玫瑰……样样精到，有锦衣裹着疮痍，也有骷髅贴着画皮，一见惊艳，一眼钟情。

可是很少有人能用什物来比喻张爱玲，印象里，最好的也就是那句"白描的牡丹"。

她不美，若说雪肤花貌，假了，也俗了。但她实在是气质天成，一抬眉，一觑眼，都有点漫不经心的傲。这是荣华里养成的优雅，虽无国色，却也倾城。

这比喻好，张爱玲也喜欢，但多少有点情人间的谄媚。她是不适合用花来比喻的：幽静的是兰，闲逸的是菊，冷艳的是梅，芬芳的是桂……她哪样都不像，不够娇，也不够柔。

她应该是一炉香。

在风味，不在色。

一炉好香，很难得，也很难懂。

制香，就如同一个天才少女的成长。从活生生的草木，到香气沁人心脾的粉与末，被采摘、被清洗、被晾晒、被烘焙、被研磨……九九八十一难，少一难，就少一味。

点香，就好像让灵魂独处于另一片宁静天地。在窗明几净的小室，摆上青色的陶瓷熏炉，沐浴静处，不做别的事，只静静地睡在香气里，就有故人入梦。

爱与恨都被揉碎，笑与泪都被拿捏，冷暖与悲欢都被尘封。

一生光阴，原来最后只得一炉香。

她是龙涎香，在王公贵族的宅邸，只闻名，难晤面。张爱玲本就生于高门，清朝重臣李鸿章的重外孙女，这层光环犹如锦绣，她的才华便是锦上花。虽然她会为打碎六百元的玻璃而烦恼，虽然她会为一件夹袍穿了又穿而不开心，她的风雅依然不会是几钱银子能买到的。

她是降真香，曾经显赫，如今难觅芳踪，无人能懂。谁能懂张爱玲呢？打个照面容易，明心见性太难，或许时间带来的摩擦能增进这种了解，但张爱玲身边的人，来来去去，多半是过客。她说，她对别人要求不高，只要能懂她一星半点，她便满足。这种懂得，也只是囫囵吞枣，未及细品。

她是沉水香，也曾低到尘埃里，将满腔心事深埋春秋。张爱玲擅长写风月，顾曼桢和沈世钧、曹七巧和姜季泽、葛薇龙和乔琪，各自都有些磨人而甜腻的小心思；但她又不擅长写风月，男女之间那点欲说还休，在她那儿，兜兜转转却成了一场凉薄的暗算。因为她是吃了亏的，她一下笔，情爱便烟消云散，隔着烟，都是看不真切的较量。

丁香温和，茴香辛辣，苏合香甘甜。

檀香最幽，藿香最烈，白芷香最苦。

我喜欢把张爱玲比喻成香，她是传奇，她是袅袅不可追的梦，不可抵达，不可复制。

闻得炉中香，便懂人世情。

很多人读过张爱玲，很多人写过张爱玲。

骄傲的贵族少女、敏感的单亲孩子、早早成名的天才作家、不通家务的女子、为爱扑火的飞蛾、孤独终老的异乡人……这些标签都是她，又都不是她。

在她的文字里，她把自己掰碎了，一点点地碾过，最后什么都分辨不清。就像扑鼻而来的香气，惹得无数人意动，前味可是清淡的？中调可变得浓郁？尾香可曾萦绕？字里行间，来回搅着。

人人都爱张爱玲，点燃她，烧透她，回味她。

最后只剩下尘灰满地。

或许，闻过这香，听过这段故事，怀着意犹未尽的念想，便不枉心字香烧，不枉一生一世念。

目录

目　录

倾世之才，倾城之恋

张 | 爱 | 玲 | 传

倾世之才，倾城之恋

张 | 爱 | 玲 | 传

请您寻出家传的霉绿斑斓的铜香炉，点上一炉苏合香，听这一出旧上海的故事。

　　苏合香烧完了，故事或许还完不了，余味袅袅，招惹些无关痛痒的眼泪。

　　据说，它本是苏合香树分泌的树脂。树脂易得，但无法多得，药师便想出一个法子：在初夏时节，用刀重重划割树干，伤及内里，让它分泌出大量香脂，浸润树皮。等到秋天，再将树皮剥下，熬煮之后，剔除杂质，便是苏合香的雏形。

　　苏合香最适宜安神，可一晌好梦。

　　谁能想到，气定神闲，原来是要吃苦头。

第一炉香　苏合香

倾世之才，倾城之恋

张｜爱｜玲｜传

卷一

张家公馆

　　门掩上了，堂屋里暗着，门的上端的玻璃格子里透进两方黄色的灯光，落在青砖地上。朦胧中可以看见堂屋里顺着墙高高下下堆着一排书箱，紫檀匣子，刻着绿泥款识。正中天然几上，玻璃罩子里，搁着珐琅自鸣钟，机括早坏了，停了多年。两旁垂着朱红对联，闪着金色寿字团花，一朵花托住一个墨汁淋漓的大字。在微光里，一个个的字都像浮在半空中，离着纸老远。流苏觉得自己就是对联上的一个字，虚飘飘的，不落实地。

——《倾城之恋》

　　《倾城之恋》里，白家作为没落了的名门望族，没剩下什么权与贵，只落得一点镜花水月的脸面。捞不着实打实的好处，用来自欺欺人而已，等肚子饿了，背地里还得卖田卖房，哪里还有半点小姐公子的富贵气？

　　张爱玲写得刻薄而实诚，因为她经历过，那个陈旧而迷糊的白家，多少带了些张家公馆的影子。

　　张爱玲就出生在上海公共租界的张家公馆。这房子大有来头，是清末名臣李鸿章送给女儿的陪嫁。传到张爱玲，已经是第三代了。

　　煊赫家声不再，富贵风流还隐约有些骨架。

　　连廊可通行的走马楼，西洋式的花纹装饰，草木葱茏的园子……这在当时都是很时髦的，经风历雨，后来，零零星星地拆散在张爱玲的笔下。她并没有多少引以为荣，反而有些隔岸观火的漠然，就像隔着博物馆的一层玻璃，里头的东西再精美难得，也打动不了她，因为那不是她的。

　　或许，她的祖辈确实有过风云际会，可是等到她出生，他们只剩一团模糊的身影。那不是什么可以装裱起来的水墨，留着对外人吹嘘，那只是遗老们不合时宜的陈旧与尴尬。

　　都说张爱玲出身显贵，其实张家出仕做官的历史并不长，好在有几个出类拔萃的子弟。曾祖父张印塘就是个耿直的好官，因为太耿直，官做得不算太大，但他和李鸿章同事过几次，还一起经历过战争，交情不错。他病逝时，儿子张佩纶才七岁。

这是个有骨气的少年郎。他一心要光耀门楣，二十出头就中了进士，留在北京为官，很快就名声大振，是李鸿章都赞叹有加的"清流"人物，与张之洞、陈宝琛等人齐名。

连袁世凯也说过，天下翰林真能通的，他眼里只有三个半，张佩纶、徐世昌、杨士骧，算三个全人，张謇算半个。

不管是出于对故人之子的照拂，还是出于对青年后生的激赏，反正李鸿章对张佩纶是青睐有加，连他的长子都为此心生忌妒，对张佩纶抱有敌意。

张家的富贵显赫，多少沾了李鸿章的光。

张佩纶虽然能干，到底不够老辣。中法战争爆发时，他挺身而出，多次上奏，主张正面应战。朝廷授予他三品卿衔，让他督办福建海疆事宜，文官干武将的活，这并不是什么新鲜事，但张佩纶比较倒霉。

他抵达福建后，中法已是剑拔弩张。他亲自勘察了闽江沿岸的地势要塞，提出沉船堵塞闽江口，让法军的船只无法入内。不过，这时候清廷还抱着议和的幻想，禁止张佩纶有所动作，结果大量的法国军舰进入闽江，清军一败涂地。

据说，法军舰队的司令曾经给张佩纶发电报，让他在十二小时内投降，否则就攻打福建水师。张佩纶没有收到电报，仍然负隅顽抗，致使福建水师全军覆没。

这场败仗需要有人负责，张佩纶避无可避，被朝廷发配到了边疆。

人到中年，功业无成，声名坠落，没有什么比这更打击一个男人了。雪上加霜的是，这个男人还刚刚遭遇了丧子之痛。

张佩纶的原配是朱家女儿朱芷芗。她是养在深闺的娇小姐，她父亲是深受恭亲王信任的名士，这桩婚事算不上门当户对，却意外融洽。朱家对这位女婿实在是厚爱，不仅体贴他家贫，一手包揽了婚礼，还将满屋珍贵的藏书都送给了他。

朱芷芗能通诗书，又能里里外外地操持家务，张佩纶对这位发妻又爱又怜，婚后不满五年，两人便养育有两儿一女，可见感情深厚。不幸的是，朱芷芗和小女儿先后因病离世，给了张佩纶一记重创。

两个儿子还小，没多久，他又续娶了后来任闽浙总督的边宝泉的女儿边粹玉。他前往福建后，为了不让妻子担心，在枪林弹雨中还不忘写信劝解："兄现驻马尾，看山饮酒，静坐读书，较在省尤适。"

但是，传回北京的战况一次比一次糟糕，边粹玉提心吊胆，抑郁成疾，在悲痛中离开了人世。

带着满身失意，张佩纶离开了北京，这一走，就是三年。

等他再次从边地回来，朝堂之上已是风云变幻，他也不复先前的荣光。李鸿章倒是很看好这个满身风骨的年轻人，他伸手拉了一把，不仅将张佩纶收入幕下，还将长女李菊耦嫁了过去。

李鸿章的女儿可不愁嫁，何况是捧在手心的长女。为此，李鸿章的夫人大吵大闹。要知道，那时张佩纶已经四十一岁，而李菊耦才二十二岁，况且李菊耦生得那么好，细眉妙目，一颦一笑都有书卷气。

连张爱玲也不相信祖父和祖母之间有什么真感情。其实这对老夫少妻，并没有外界想得那么不甘不愿，婚事是李菊耦自己点头应允的，她说："想必爹爹眼力不差。"

对一个满腹才华的男人来说，年长并不是什么缺点，阅历会带来相应的魅力。李菊耦自小跟在父亲身边，耳濡目染，才学和胸襟非一般女子可比，她看不上富贵的纨绔子弟，对几经起落的张佩纶，多少怀有惜才之心和敬佩之意。

这是张佩纶第三次娶妻了。

从张佩纶留下的日记看，他们婚后也有过比较融洽的时候，连理同枝，比翼双飞。

忙时，他主外，她主内；闲时，他们一起品茶作画，或是赏景作诗。李鸿章和女儿女婿相处得极好，常常走动，有什么名贵书画，都喜欢和女儿女婿分享。

有一次，三人在一起喝茶闲聊。聊起明成祖的身世，李鸿章认为朱棣是高丽硕妃所生，而李菊耦则认为是"高皇后所生"。父女俩说到热闹处，纷纷让张佩纶投票表态，要争出高下。一边是恩师加岳父，一边是爱妻，张佩纶左右为难，就笑着调侃："你们说的都有道理。"

张佩纶对夫人很是赞许，戏称她为"虎女"，国事家事，两人都能聊得上。

有如花美眷，还有个亦师亦友的岳父，他日子过得并不赖。但在婚姻里，事业是一个男人最后的体面，温柔乡更像是锦上添花的慰藉，是调剂品，不是必需品。

好男儿，谁不渴望扬名立万？况且张佩纶曾经那么受人瞩目，如今却只能依附岳父，做个不痛不痒的军师，他心里始终有怀才不遇的憋屈。

李鸿章的长子向来就不喜欢张佩纶，眼看对方落魄，竟然让人向朝廷举报：李鸿章收留罪臣。

他有罪吗？一个文臣，偏偏站出来主战；一场海战领兵，偏偏输了。

朝廷下了圣旨，要攥张佩纶回原籍。李鸿章心疼女儿，他在南京有大量产业，于是提出让女儿女婿迁居南京，私下，他补了一大份的陪嫁。

那可不是几个箱笼包袱能装下的，真金白银，田地古董，应有尽有。

张爱玲曾经特意走了一趟南京，探寻祖父祖母的故居。

宅子很考究，有三幢洋楼。张佩纶将东楼命名为绣花楼，专供李菊耦居住，当地人都唤它"小姐楼"。

就是在这里，李菊耦生下了一儿一女，儿子是张爱玲的父亲张廷重，女儿是张爱玲的姑姑张茂渊。

很多年以后，张茂渊依然对父母的老少配婚姻耿耿于怀，她向张爱玲抱怨，认为李鸿章太糊涂，把女儿"嫁给比她大二十来岁的做填房"。对她而言，这是极其不公平的，或许父母曾有两情相悦的好时候，但轮到她出生，父亲就只是一点垂垂老去的影子，面目模糊。

张爱玲不同，她对这个祖父既好奇又敬佩，翻遍了他留下来的藏书。晚清时期，市井上很流行一本叫《孽海花》的小说，张爱玲听人说，里面有个大人物就是以张佩纶为原型的，她翻来覆去地读，还拿去咨询姑姑。

和小说里一样，晚年的张佩纶过得相当颓唐，酗酒度日。

一个怀着抱负的男人，就像一个怀孕的女人，要么瓜熟蒂落，喜气洋洋地迎来新生；要么胎死腹中，暗自神伤地掉一把泪。张佩纶无疑是后者，他已经没有再入官场的机会，况且，即使在李鸿章麾下当官时，两人的政见也隐隐不和。

若是无能为力，偏偏又不愿屈从于现实，那注定活得拧巴而痛苦。

一九〇〇年，听到八国联军攻陷大沽口的消息后，张佩纶急得"咳血升许"。

在这种境况下，李菊耦的日子并不好过。

女人总是更感性些，丈夫的垂头丧气，让她无法不在意。这份在意里，或许还有失落和无措，她曾经仰望的男人，如今自己低下头来。一来二去，原本性格豁达的人，也变得郁郁寡欢了，连李鸿章也知道了，几次写信来关心："闻眠食均不如平时，近更若何？"

父亲的劝解似乎并不奏效。没多久，李鸿章和张佩纶先后去世，她又添了许多新愁，在亲戚中渐渐有了孤僻的名声。

对于这个三十七岁守寡的祖母，张爱玲的印象并不好。

女人最能了解女人，也最能刻薄女人，她的小说里总有个富贵而不快乐的寡妇。最经典的当然是《金锁记》里的曹七巧，虽然出身比不得李菊耦，却也是一个聪明伶俐的女人，背着黄金的枷锁，带着一点弯弯绕绕的心思，活得精致而见不得光。

这种影射当然不是百分百的真实，牵扯上张爱玲的个人情感，就好似加了滤镜。按理，她没有见过祖母，不至于有什么盖棺论定的评价，况且还有姑姑可以询问，这个女儿对母亲的评价也不坏。

但是对张爱玲而言，这位祖母给她的最直观的名片，就是父亲张廷重。

显然，这张名片不怎么拿得出手。

张佩纶去世时，张廷重同样只有七岁，李菊耦把所有的精力都放在了儿子身上，做着重振家威的梦。这个昔日的大家闺秀并没有意识到，时代已经不同了，她只知道闭门不出，盯着张廷重背书。背什么呢？是四书五经和亡夫的奏折。

很多年以后，张廷重还能将古文倒背如流，无事时就在家里绕室咏哦，末尾处拖了长腔，一唱三叹地作结。可是有什么用呢？

他活成了李菊耦最讨厌的模样：一个无用的纨绔子弟。

曾经，为了避免张廷重耽于玩乐，李菊耦故意给儿子穿老旧的衣帽，连鞋子都是绣花的，把他打扮成女儿家，阻止他和贵族子弟交往。那时候，张廷重如果想溜出去玩，要特意在袖子里藏一双鞋，等见过李菊耦，出了门，再偷偷摸摸地换了脚上的绣花鞋。仆人们看到了，既觉得好笑，又觉得可怜。

这堪堪就是一部《金锁记》。

不合时宜的家族，不合时宜的母亲，养出了不合时宜的子女。

他们都是绣在屏风上的花鸟，美则美矣，飞不出那片天地，只等着被岁月一点点地腐蚀。谁也熬不过，谁也逃不脱，明晃晃的花团锦簇，最后都会烂掉。

李菊藕是清醒的牺牲，而张廷重呢？稀里糊涂地就废了，精神废了，即使给他自由，也跑不了。

卷二

金童玉女

　　言子夜进来了，走上了讲台。传庆仿佛觉得以前从来没有见过他一般。传庆这是第一次感觉到中国长袍的一种特殊的萧条的美。传庆自己为了经济的缘故穿着袍褂，但是像一般的青年，他是喜欢西装的。然而那宽大的灰色绸袍，那松垂的衣褶，在言子夜身上，更加显出了身材的秀拔。传庆不由地幻想着：如果他是言子夜的孩子，他长得像言子夜么？

　　　　　　　　　　　　　　　　　　　　　　——《茉莉香片》

张爱玲理想的父亲是什么样的呢?

是《茉莉香片》里,那个穿着长袍的国文教师言子夜,儒雅而文明。在新旧交融的浪潮中,沉淀了一身古典气韵,也见了一些新世面,像嫁接过的枝木,有旧的根基,也有新的生命,风和日煦之下,花果累累。

但张廷重显然不是。他更像盆栽,失去了庇护,冷不防地被扔在姹紫嫣红里,天地再怎么广阔,他也只是紧紧抓着盆里那点贫瘠的土,开着病恹恹的花。

他并不抵制新的观念,喜欢购买进口的名牌轿车,也喜欢看白话文的平民小报和翻译过来的西洋小说。他买过胡适和萧伯纳的文集,还给自己取了一个很时髦的英文名:提摩太张。然而,这些都是表象,他骨子里还是旧的,那些纨绔子弟的毛病,他一样也不少,吸大烟、纳妾、嫖妓、赌博……

很难想象,面对无所作为的儿子,李菊耦是何种心情。李鸿章去世后,李家也跟着败落了,她眼看着夫家和娘家一点点失去往日荣光,对儿子抱了极大的厚望。

去世前,李菊耦还不忘给儿子定下一桩门当户对的婚事。

她挑中的是黄家的女儿黄素琼。

　　黄家也算名门，正宗的湘军将领出身。黄素琼的祖父是清末长江水师提督黄翼升，他与李鸿章交好，两家关系不错。而张廷重与黄素琼也算是男才女貌。

　　可惜，他们偏偏是一对怨偶。

　　黄素琼虽然也出生在旧式家庭，没有接受新教育，甚至还缠了小脚，但她的作风就像她的长相似的，更偏向西方。张爱玲从小就听家人议论，说母亲黄素琼像外国人，头发不太黑，深目高鼻，薄嘴唇，神色间有些志存高远的坚毅。从留下来的照片看，黄素琼是典型的美人，有些混血儿的影子，和张廷重的文雅截然不同。

　　这门婚事是出于父母之命和媒妁之言，黄素琼心里并不愿意。她更想上学，而不是嫁人，就算嫁人，也不愿听从这盲婚哑嫁。

　　但她没有反抗的能力，生母只是父亲的小妾，在家没什么地位，因为大夫人没有生育，才把她和弟弟接到膝下抚养。

　　她过得并不快乐，嫁人，也只是换了一种不快乐的方式。

　　婚礼办得很隆重，大家都夸赞他们是金童玉女，可婚姻如鞋子，只有当事人知道合不合适。黄素琼存心要做新女性，对丈夫那种混日子的做派，自然看不上眼；而张廷重呢，他是典型的旧式贵族子弟，还怀着红袖添香的绮梦，一来二去，两人不可避免地会产生矛盾。

　　婚后，夫妇俩住在上海，碍于长辈和亲友，有了矛盾也还遮掩着。眼看着张廷重纳妾、吸鸦片，黄素琼劝过几次，对方却并不收敛，她便开始一趟趟地回娘家。

就是在这种情形下，张爱玲和弟弟张子静相继出生了。

张爱玲，原名张煐。

这个名字大概是张廷重取的，透着一股士大夫的考究。花开如火，是有生气的，却又不是榴花欲燃的明艳，是小荷只露尖尖角的克制。

黄素琼不喜欢这个名字，她嫌不够响亮。后来，她随口给女儿起了一个音译名：爱玲，ailing，意为烦恼。她承诺要好好再想一个名字来替换，但转过身就忘了。她倒是给自己取了一个摩登的新名字，黄逸梵，新名字就意味着新生活，她决定不再忍受过去的种种，不搭理丈夫，不过问家事。

值得一提的是，张爱玲的姑姑张茂渊此时也到了婚嫁年纪，但她和哥哥张廷重并不像，相貌没那么出挑，性格也没那么迂腐，倒学了不少新思想，宁可选择单身。她作风新潮，和黄素琼不谋而合，姑嫂两人的关系竟然意外地融洽。

张廷重沉溺在花天酒地里，黄素琼就和小姑子张茂渊一起，逛街、购物、弹钢琴、学英文，自顾自地找乐子。

这实在不是一个有爱的家庭，这对夫妻也不算合格的父母，好在张爱玲年纪尚小。她对家的印象，是从两岁以后迁居天津开始的。

一九二二年，张廷重通过在北洋政府任交通部总长的堂兄介绍，在津浦铁路局谋到一个英文秘书的职位。于是，他把家搬到了天津。

这是张廷重惦记许久的事。母亲去世后，他依然住在小姐楼，但家里大大小小的事务都由异母的哥哥打理。他钱财上不自由，有时候贪玩享乐也被哥哥盯着，这次去外地任职，无疑是一个分家的好借口。

大人的谋划，小孩子自然不清楚。不过，张爱玲比谁都要高兴，在天津的日子，是童年里最快乐的一段时光。

房子，是祖父张佩纶当年买下的，宽敞阔气；生活，是奢华的，用人成群，出入都有汽车和司机。"松子糖装在金耳的小花瓷罐里。旁边有黄红的蟠桃式瓷缸，里面是痱子粉……"这些小细节，不管过去多久，都栩栩如生地跟着张爱玲。

人人都说张爱玲的笔下有"七宝楼台"，明明是惊心动魄的警句，偏偏美得不可方物，美得不造作。这或多或少是因为她生在锦绣丛里，享受过它的好，才写得出它的好。

每天早晨醒来，就有用人抱着她去母亲的房里。黄素琼常睡的是一张青铜床，铺着方格青锦被，小小的张爱玲在那儿爬来爬去，等待母亲起床梳洗。黄素琼照旧是不开心的，逗着她背唐诗，颠来倒去就是那几首，她连字都不认识，就只背诵字音。

她很早开始学认字，每天下午认两个字之后，可以吃两块绿豆糕。充当书童角色的，是一个瘦小清秀的男仆，他用毛笔蘸了水，在天井一角的青石砧上面写大字。他还会讲《三国演义》，小爱玲很喜欢他，给他起了个名字叫"毛物"。

毛物的娘子，也是家里的用人，人称"毛娘"。毛娘很聪明，常常给小爱玲讲"孟丽君女扮男装中状元"的故事，但她心计颇深，似乎总和其他用人闹矛盾。

这些从记忆里抠下来的画面，精细极了，像说书人的话本，一页一页翻着，讲着大同小异的大家庭：安于享乐的男主人，郁郁寡欢的女主人，钩心斗角的仆从，天真烂漫的孩子……

如果后来没有发生变故，张爱玲仍旧会是那个喜欢穿白地小红桃子纱短衫和红裤子的娇小姐，坐在板凳上，喝完一碗淡绿色的、涩而微甜的"六一散"，就拿出谜语书，还有童话书，念出声来。长大了，或许稍似母亲的敏感，或许偏向父亲的麻木，但嫁得不会太差，哪怕是落魄的名门子弟，如果挑中一个上进的，最差也能混成个名媛太太。

如果是那样，她也就成不了名动上海的女作家。

到底哪条路会更幸福？谁也给不出确切的答案，因为人生没有"如果"，这对任性的夫妇斩断了另一条路的可能。

他们总吵架，哪怕只是为了微不足道的小事。

黄素琼热衷于穿衣打扮，每次与张茂渊上街买了布料或衣服，回来就对着镜子照个不停。张廷重完全无法理解这种乐趣，见了，便会没好气地说："又做，又做，一个人又不是衣裳架子！"

张廷重则离不开鸦片，每天都要躺在榻上吞云吐雾一番。黄素琼的弟弟也抽鸦片，她早就厌恶这副做派了，对张廷重自然没有好脸色。

吵到最后，他们连表面的和睦也没了，黄素琼一心一意要追求自由，家庭与儿女都成了羁绊。刚好在这个时候，张茂渊计划出国留学，黄素琼那年已经二十八岁了，有儿有女，却借口监护小姑子，执意要跟着一起出国。

不知道出于什么缘故，张廷重竟然同意了。大概他也不在乎岌岌可危的婚姻了，只想着眼不见为净，由着自己的性子花天酒地。

在当时，姑嫂两人的出国引起了很大的轰动。那年头，出国的年轻姑娘尚且不多，更何况黄素琼是为人妇、为人母的少奶奶，连亲友里都有不少人明着暗着地批评她们不安分。

黄素琼顾不了这么多，离开家的她就像挣开樊笼的鸟。她远渡重洋，拜了师父学油画，跟徐悲鸿、蒋碧微等都熟识，一心要摆脱从前坐井观天的生活。她最遗憾的是自己缠了小脚，为此，她常去往各国游历，以显示自己与新女性并无不同。

对于母亲的选择，张爱玲似乎很能理解，她甚至还称赞过黄素琼，"踏着这双三寸金莲横跨两个时代"。这种称赞当然是真诚的，客观而理智，但正因如此，也透露出一份不合时宜的冷静：她仅仅把母亲当作一个有魅力的女性，同其他任何有魅力的女性没什么分别。

不是没有爱，是对这个人的爱已经耗完了。

每个人都如同一个情感的器皿，得到什么，就会给出什么。有的人毫无保留，所以很容易枯涸，一旦没有人爱他，他就丧失了爱人的能力。

黄素琼离家的那一天，张爱玲还记得清清楚楚。

"……她伏在竹床上痛哭，绿衣绿裙上面钉有抽搐发光的小片子。用人几次来催说已经到了时候了，她像是没听见，他们不敢开口了，把我推上前去，叫我说：'婶婶，时候不早了。'（我算是过继给另一房的，所以称叔叔婶婶。）她不理我，只是哭。她睡在那里像船舱的玻璃上反映的海，绿色的小薄片，然而有海洋的无穷尽的颠波悲恸。"

那时候，或许她并不明白母亲为什么要哭；或许她还揣度着，马上要远走高飞的母亲，是不是对孩子和家庭怀有一丝不舍？当她冷静地写下这段回忆的时候，她是看透了那个贵妇人的。

黄素琼的眼泪是为自己而流。

她厌恶这泥沼般的生活，却把孩子扔在这里。作为一个大户人家的太太，作为两个孩子的母亲，她不会不知道，这种逃离是任性而不称职的。可是，作为自我的部分远远胜过了作为母亲的部分，占了上风，她渴望弥补少女时代关于自由和梦想的遗憾。

她哭，或许是因为在这个时候发觉到了自己的自私。

在这一点上，张爱玲其实很像她，感性里永远带着理智，每份付出和得到，都要在心里斤斤计较地走个过场。

卷三

童年旧梦

　　我说过："八岁我要梳爱司头，十岁我要穿高跟鞋，十六岁我可以吃粽子汤团，吃一切难于消化的东西。"越是性急，越觉得日子太长。童年的一天一天，温暖而迟慢，正像老棉鞋里面，粉红绒里子上晒着的阳光。

——《童言无忌》

黄素琼离开后，张廷重的一个小妾堂而皇之地搬进了家里。

在张爱玲的记忆里，这个小妾并不可恶，相反，对方以一个成熟女性的体贴哄得她眉开眼笑。有时候想到远走的母亲，她会有淡淡的罪恶感，觉得这是对母亲的背叛。

这位姨太太出身花街柳巷，被张廷重包养在外面的小公馆里，绰号老八。

老八，是与黄素琼截然不同的女人。

她很会过日子，屋里摆着红木家具，云母石心子的雕花圆桌上放着高脚银碟子，吃穿住行，样样讲究。

她很喜欢热闹，家里常常办宴会，叫上往日相好的艺妓、歌女，一群人唱歌跳舞，闹腾而喜庆。这对小爱玲来说，是一种新奇而饱含诱惑的体验，她站在帘子后，偷偷张望满屋的衣香鬓影。

她也很会察言观色。最初，小爱玲并不愿意去小公馆，被张廷重抱着出门时，又吵又闹，但老八没多久就哄住了这个小姑娘。她出手大方，带小爱玲去"起士林"，那是天津最早的西餐馆，能够吃到时髦的奶油蛋糕。小爱玲果然对她改观，喜欢跟着她出门，玩闹到半夜三四点，才由仆人背着送回家。

对于这个姨太太的"抬举"，小爱玲是喜欢的，甚至有些得意。因为姨太太并不喜欢她的弟弟，为了打压他，常常故意对小爱玲示好，这让她生出一种奇异的满足感。

在这个不像家庭的家庭里，似乎每个人都更关注自我，这份刻意的拉拢和怀柔，是小爱玲从来没有体验过的。这仿佛是一种魅力的证明：我比弟弟更讨人喜欢。

这点虚荣的小心思，甚至盖过了对母亲的思念。

有一次，姨太太毫不掩饰地问小爱玲："你喜欢我还是喜欢你母亲？"

"喜欢你。"

成年后，张爱玲回想起这幕，心里依然不安，因为她并没有说谎。

她心里看透了这个登堂入室者的讨好，却又贪恋这个成熟女性的关怀。就像姨太太曾经拿一整套雪青丝绒，给她做短袄和长裙，她何尝缺衣裳呢？但她的母亲从来没有为她这样尽心过。

母亲已经淡化成一个专属名词，没有血肉，只有当用人们拿话引逗时，她才会后知后觉地想起来。而那些想起来的面目，也是遥远的，隔着时间和距离。

在后来的一生里，她与黄素琼始终无法真正冲破这层隔膜。

这位姨太太到底没有融进这个家，据张爱玲回忆说："姨奶奶住在楼下一间阴暗杂乱的大房里，我难得进去，立在父亲烟炕前背书。姨奶奶也识字，教她自己的一个侄儿读'池中鱼，游来游去'，恣意打他，他的一张脸常常肿得眼睛都睁不开。"

想来她的脾气确实暴躁，不仅对侄儿动手，和张廷重也时常吵闹，最严重的一次，她失手用痰盂砸破了张廷重的头。

这事传得沸沸扬扬，惹来许多人看笑话，张家的族人忍无可忍，出面将老八赶走了。

家里的仆人早就不满这位姨太太了，看着她灰溜溜地运着行李出门，一个个都幸灾乐祸地笑起来："这下子好了！"

张爱玲没有笑。她躲在楼上的窗户后面，悄悄看着马车越走越远，对这个小女孩来说，她又少了一个伴，从此以后，她的童年里就只剩下弟弟张子静。

张子静有副好相貌，小嘴、大眼睛与长睫毛，漂亮得像个洋娃娃。都说美人不自知，他却很知道自己的优势，每次家里有人故意问："你把眼睫毛借给我好不好？明天就还你。"他会立刻摇头拒绝。

张爱玲曾经毫不避讳地表示，她对弟弟有竞争心理。这当然不仅仅是因为相貌的关系，也因为性别而带来的地位差异。张爱玲和弟弟有各自的女佣，一个叫"何干"，一个叫"张干"，在安徽的方言里，都是"干妈"的意思。

何干因为带的是女孩，自觉心虚，处处都让着张干，小爱玲发觉了，有些不高兴，对弟弟和张干都生出一些莫名的敌意。张干不以为然，笑话小爱玲的好胜心："你这个脾气只好住独家村！希望你将来嫁得远远的——弟弟也不要你回来！"

这话，被小爱玲记在心里了。

他们后来玩过一个游戏，依据拿筷子时手指的位置，来预言出嫁的境况。当张爱玲抓住筷子下端时，张干说："筷子抓得近，嫁得远。"小小的张爱玲哪里懂什么嫁得近嫁得远？但她憋着一股气，故意又去抓筷子的上端，不愿意被这个讨厌的女佣嘲笑。

或许是因为这份要强，她自小就比弟弟出色很多。

张子静身体不好，很多事都不能做，很多东西都不能吃，反倒不如姐姐自由。他也会偷偷忌妒，趁着没人的时候，撕了姐姐的画，或是涂上两道黑杠子。

认真说起来，两姐弟的感情其实不坏，在华丽而寂寞的园子里，他们是彼此的玩伴。两人最爱玩小人戏，幻想自己是"金家庄"上的英雄人物，一个使宝剑，一个使铜锤，翻山越岭地惩恶扬善。

张爱玲年长些，看过许多书，鬼灵精怪，张子静就常常追在她身后跑，嚷嚷着要听故事。有时候，他也会自己讲故事：一个旅行的人为老虎追赶着，赶着，赶着，泼风似的跑，后头呜呜赶着……又天真又娇憨的模样，让张爱玲哈哈大笑。

很多年以后，张子静回忆起这段往事，仍是带着笑的。

"那一年，我父母二十六岁。男才女貌，风华正盛，有钱有闲，有儿有女。有汽车，有司机，有好几个烧饭打杂的用人，姐姐和我还都有专属的保姆。那时的日子，真是何等风光啊！"

可是，快乐就像一枝有时令的花，开完了，什么都不剩，枯枝败叶，更让人伤心。即使后来开出新的花，也不是旧日的美丽，过去了就是过去了。

张爱玲八岁这年，父亲突然要从天津搬回上海，更突然的是，母亲要从国外回来了。

原来，张廷重肆无忌惮地吸鸦片、嫖妓、与姨太太打架，早就闹得人尽皆知，连工作单位也听到了风声。他一向工作就不用心，出了这些丑闻，自然影响声誉，而且，他视为靠山的堂兄丢了交通部总长的职位，他也就跟着丢了饭碗。

他到底还是好面子的，那点薪水或许不算什么，但这是他的第一份差事，好歹算"官差"。丢了工作，多少印证了自己的无能。

张廷重受此刺激，决定痛改前非。他写信给远在大洋彼岸的妻子，央求她回国，作为交换条件，他答应戒鸦片、赶走姨太太，并保证今后不再纳妾。

黄素琼答应了。

据张爱玲后来回忆，父亲是给母亲寄了一张照片的，背面附了一首诗。她依稀还记得几句：才听津门金甲鸣，又闻塞上鼓鼙声，自愧只坐拥书城，两字平安报与卿[1]。

最多情是翩翩公子，最误人也是翩翩公子。张廷重犯了什么十恶不赦的错吗？并没有。他只是沾染了一身贵族子弟大都有的习性，而这个世道已经不是贵族子弟的了。

他是冬天里瑟瑟发抖的春花，迟了，再怎么姹紫嫣红和活色生香，也不合时宜。

接到信，黄素琼便带着张茂渊回国了。

张廷重先她一步，带着一双儿女从天津搬回上海，临时在弄堂里租了房子，带着用人们住了进去。

张家对女主人的回归表现出热烈的欢迎，连用人都喜气洋洋的，反复叮嘱张爱玲姐弟："应当高兴，母亲要回来了！"

其实不用提醒，小爱玲满心满眼都是对母亲的思慕和亲近，在黄

---

1. "才听津门金甲鸣"和"自愧只坐拥书城"两句并不精准，张爱玲本人曾在著作中表示对第一句和第三句只记得开头与大意。——编者注

素琼到家的那天，一向懂事的她突然吵闹起来，执意要穿一身红色的小袄。那是她最喜欢的，觉得自己穿着好看，所以想穿给母亲看。

黄素琼当然没有留意到女儿的小心思，她只是瞥了一眼，然后不以为然地嫌弃道："怎么给她穿这样小的衣服？"

留洋归来，她已然是一个光彩照人的新女性，穿着花团锦簇的洋装，梳着新式的发型。站在弄堂的房子前，站在落魄失意的丈夫前，站在一团糟的家庭前，黄素琼是那样生机勃勃。

此时，张爱玲的情感天平毫无保留地倾向母亲。她多么有魅力啊，会叮叮咚咚地弹钢琴，会画色彩鲜艳的油画，会讲一口俏皮的英文。而父亲呢，那是一个失意的形象，因为丢了工作，因为病痛折磨，他仿佛被抽干了精气神，只剩下干巴巴的皮囊，倚靠在阳台的窗户边，有时敷着湿毛巾呻吟，有时自言自语，看着让人害怕。

她懵懂地渴望着，母亲的回归能给这个家带来新生。

她曾写道："坐在马车上，我是非常侉气而快乐的，粉红地子的洋纱衫裤上飞着蓝蝴蝶。我们住着很小的石库门房子，红油板壁。对于我，那也有一种紧紧的朱红的快乐。"

那是她的新家。

黄素琼对丈夫找的住处不满意，立刻另找了一栋别墅，孩子们的房间都是精心布置的，由他们自己拿主意。

　　这对小爱玲来说，是新奇而又快乐的体验。她为此费了三四页纸，连写带画的，向小伙伴表达欣喜之情。这种欣喜浅薄而直白，在她后来的人生里再没有过，但她并不知道，母亲的种种行为，并不代表她要和这个家庭重新开始，她是抱着离婚的念头回国的。

故事还没有讲完。

　　或许会有些落寞和伤心，换上一炉甘松香吧。

　　甘松，本产自凉州，是山野里常见的，细细的叶，密密的藤。等到八月左右，采了它的根茎，就可以制香，也可以煎汤沐浴，令人发肤生香。

　　闻得炉中香，便生菩提心，静心静气静神。

　　一炉香，就是一个人啊，寂寞地烧完自己，苦乐都在他人心。

第二炉香　甘松香

卷一

劳燕分飞

从前的人吃力地过了一辈子，所作所为，渐渐蒙上了灰尘；子孙晾衣裳的时候又把灰尘给抖了下来，在黄色的太阳里飞舞着。回忆这东西若是有气味的话，那就是樟脑的香，甜而稳妥，像记得分明的快乐，甜而怅惘，像忘却了的忧愁。

——《更衣记》

在父母正式离婚前，张爱玲享受了回光返照的幸福。

搬家到上海，这是黄素琼的主张，方便和娘家来往。张爱玲曾经和舅舅家的表姐表弟们一起拍照，在"宝德"照相馆里，五个孩子依次站着，穿着马褂长袍或旧式棉袍，都是上好的料子。

画面看上去并不怎么和谐，孩子们的神色幼稚而别扭，但个个都有几分小荷才露尖尖角的风华。

张爱玲很喜欢表姐们，她们是让人羡慕的"大人"了，每次上门来做客，总是给家里带来一派热闹和喜庆：表姐们聚在一起喝茶、跳舞，有时也打开电唱机，而她还小，只能穿着新衣裳，乖乖地坐着。姑姑会弹钢琴助兴，母亲呢，站在一旁，把手搭在姑姑的肩膀上，跟着琴音咿咿呀呀地唱歌。

叮咚的琴音、芬芳的鲜花、窗明几净的客厅、一阵接一阵的笑声……在很长一段时间里，这就是"家"的印象。

有一次，黄素琼和妯娌来了兴致，模仿着电影里的恋爱桥段，手舞足蹈地在家里表演，逗得孩子们哈哈大笑。小爱玲乐不可支，在地毯上滚来滚去。

有了母亲，张爱玲才有了这个年纪该有的天真、调皮和虚荣。

她会因为黄素琼从英国回来，就开始喜欢英国，看到"英格兰"三个字，就幻想着蓝天下的小红房子，尽管母亲后来纠正她，英国是常常下雨的，但这份浪漫而错误的遐想一直跟随着她。

她会因为黄素琼一身漂亮的西式洋装，就迷上了西式风格。家里的蓝椅套配着旧的玫瑰红地毯，其实并没有那么好看，但她信服母亲的审美。

她会因为黄素琼每次订阅《小说月报》，也跟着读老舍的《二马》，且一直偏爱这部小说。每次拿到杂志，母亲就一边笑，一边读出声来，她和弟弟懵懵懂懂地听着。

她会因为黄素琼的喜好，就跟着去听音乐会。黄素琼反复叮嘱她不要吵闹，于是她全程乖乖地坐着，一声不吭。反而是母亲和姑姑，会小声地对周围的女性品头论足，从服饰到动作，她明明听不懂，还是饶有兴趣地竖起耳朵。

这个家似乎从来没有这么完整过，张廷重忙着住院调养身体，黄素琼就前前后后地照顾两个孩子，和任何幸福的家庭一样。

说起来，黄素琼更喜欢张爱玲。这个久未谋面的女儿，早慧而机敏，让她觉得新奇，仿佛是看着一个天才般的陌生人。有一次，小爱玲看到书里夹的一朵花，听到黄素琼随口说起它的历史，她受到触动，竟掉下了眼泪。黄素琼见了，有些微妙的满足感，转身向儿子夸奖她的领悟力。

母女关系，其实是最暧昧的。一方面，女儿是她最得意的作品，越是出色，越印证了自己的能力；另一方面，她们又是无形的对手，她吃过苦，栽过跟头，以过来人的身份指导女儿避开雷区，眼看着她步步生花，而自己却垂垂老去。

在张爱玲身上，黄素琼下足了功夫。

此时的小爱玲已经开始考虑终生的事业了，每天晚饭后，黄素琼都会留两个孩子在饭桌上谈话，尤其是关于教育的问题。她受母亲影响，每天犹豫着该选画画还是弹钢琴，后来她看了一场关于贫困画家的电影，大感意外，原来画家是没有前途的，于是决心做钢琴家。

黄素琼当然满意。家里的钢琴是现成的，没洗过手不能碰，每天还要用一块鹦哥绿绒布细心擦拭。

张爱玲后来笑着说，这是她一生中最接近西洋淑女的时候。

黄素琼把她教得很好，两年后，她进入教会办的黄氏小学，直接插进六年级，功课丝毫不费力。

上学这件事，始终是黄素琼的心结，她自己当初没有机会，多少想在孩子身上弥补，况且张爱玲聪明得让她意外。但张廷重并不同意，他不愿在这上面花钱，两人为此争吵了许多回。这一次，黄素琼干脆趁着他上楼休息，拉着小爱玲从后门溜出去，直接跑到学校报名。

从这以后，张爱玲一边上学，一边继续学钢琴课。黄素琼为她找了老师，是一位白俄老太太，每周末上一次课。老师很喜欢张爱玲，时常夸奖她，容易激动的蓝色大眼睛里充满了眼泪，抱着她的头亲吻她。张爱玲客气地微笑着，记着她吻在什么地方，隔一会儿，便偷偷用手绢子擦擦。

事实证明，张爱玲确实有天分，只用了一年的时间，她便顺利从小学毕业，入读上海圣马利亚女校。

这是一个六年制的女子中学，由美国圣公会办的一所教会学校，在上海大有名气。

黄素琼相当满意。如果不出意外，张爱玲在她的培养下，会一步一步成为淑女，但是张廷重打破了女儿的成长之路。

张廷重因为身体原因，一直住院养病，与黄素琼倒是相安无事。病愈出院后，他的态度就变了，不仅重拾鸦片烟枪，还盯上了黄素琼的钱袋子。

黄素琼有一笔丰厚的嫁妆，一直攥在自己手里，出国游学的费用也是出自其中。张廷重有心留住妻子，于是计划掏空她的钱，不肯拿生活费，让她贴补家用，等钱用完了，她自然就走不了了。

黄素琼勃然大怒，她也是精明的人，自然不会屈从于他，两人便常常吵架，动不动就摔东西。

　　这一幕在张爱玲的记忆中留下了深刻的印象，她笔下总有企图占女人便宜的男人，也总有被黄金禁锢一生的女人。爱是什么？饮食男女？她不是不相信爱情，她只是早早看过了爱情的画皮。

　　黄素琼也并不无辜，出国后就交了一个外国男友。她甚至当着小爱玲的面，和小姑子张茂渊调侃儿子的相貌："廷重这个人倒是有这一点好，子静这样像外国人，倒不疑心，其实那时候有那教唱歌的意大利人……"[1]

　　离婚，是她主动提出来的。

　　两人来来回回地吵了无数次，黄素琼还特意请了一个英国籍的洋律师。张廷重犹豫了许久，在房间里走来走去，几次拿起笔来要签字，却又反悔，说："我们张家从来没有离婚的事。"律师无奈，又去问黄素琼的心意，她说："我的心已像一块木头！"

　　听到这话，张廷重知道事情已不可挽回，只得在离婚书上签了字。

　　"虽然他们没有征求我的意见，我是表示赞成的，心里自然也惆怅，因为那红的蓝的家无法维持下去了。"

　　写下这段话的时候，张爱玲当然已经释怀了，对成年人而言，分开并不需要太大的勇气。但对当时的张爱玲来说，她是迷惘而伤感的：

---

1 本段及本书部分情节是根据张爱玲的《小团圆》推测而来。——编者注

偏偏是她的父母不合，偏偏她明白他们各自的苦衷，偏偏让她成了单亲离异的孩子。

理智是一回事，感情是另一回事。

在漫漫余生里，张爱玲就没有写过什么花好月圆的故事，她笔下的那些女孩子，或精明或聪慧或身不由己，个个都在欲望和生活里挣扎。可能她自己都没有意识到，她的女主角们都不幸福。

张爱玲曾经评价过冰心，说把她同冰心来比较，她实在不能引以为荣。她大概是觉得对方浅薄吧，那些所谓的爱，在纸上勾画出一个善和美的童话，轻飘飘的，她一点都不能感同身受。她从来没有经历过冰心那样的生活，从来没有机会活在宠爱和呵护里，无忧无虑地长大。

她和弟弟都归父亲抚养，但母亲在协议里坚持加上了一条：小煐以后的教育问题——进什么样的学校，须先征求她的意见。

可能在这个贵妇人看来，这是她唯一能为女儿做的事。她认定张家已经是烂泥一潭，她迫不及待地要脱身，她想着将来有机会，还是愿意拉女儿一把。但恰恰是这个看似善意的举动，后来带给了张爱玲无穷无尽的烦恼。

姑姑张茂渊和父亲张廷重一向意见不合，因此，分家时，她站在了黄素琼那边。

她们两人一起搬出张家，在法租界重新租了房子，又买了汽车、雇了用人，过起了自由而舒心的生活。

按照父母的协议，张爱玲可以去看望黄素琼，她便常常去，那里是一个少女的桃花源。不同于家里陈旧的生活方式，她发现母亲这里的一切都是西式的、文明的："在她的公寓里第一次见到生在地上的瓷砖浴盆和煤气炉子，我非常高兴，觉得安慰了。"

这份安慰没有持续太久，因为黄素琼很快决定再次出国。那时，张爱玲在学校住宿，只有周末能回家，她临别时去看了女儿。

很难说清那是一种什么样的心情。

在张爱玲看来，母亲并没有任何的不舍，脸上是高兴和迫切的表情，况且母亲的所作所为也印证了这种高兴和迫切。她呢，面对这张笑脸，也说不出什么依依惜别的话，她是母亲在旧生活时的产物，她是母亲追求新生活的阻碍。

她不想在母亲面前露出软弱或无助，因为她知道母亲不会理解，甚至不关心。但敏感的她还是发现了黄素琼的不快，黄素琼在那里想："下一代的人，心真狠呀！"

也许黄素琼期待的是一场罗曼蒂克的告别，来学校见女儿一面，这已经是黄素琼所能想到的"母女情深"，可是张爱玲没有配合着痛哭，没有给出热烈的回应。

她只是一个人站着，看着关上的铁门，看着母亲越走越远，在寒风中抽泣，哭给自己看。

她们相处的时间并不长，她也算不上母亲的贴心小棉袄，不，她是没有机会。虽然讨了母亲喜欢，但这种喜欢和对稀罕物件的喜欢没什么太大区别，至少对方没有表露出太大区别。

黄素琼是那个时代的进步女性，称得上优秀，但她并不是一个合格的母亲。或许在她看来，自己努力跟上潮流，最大的败笔就是一段封建婚姻，那是她极力摆脱的部分，而张爱玲就来自那部分。

张爱玲的聪明和乖巧给了她安慰，毫不夸张地说，她看待女儿就如同看待淤泥中的一根幼苗。她希望对方能跟上自己的脚步，希望那根幼苗能清清白白地长出来，但她忘了，她还只是个孩子。

她给这个孩子的爱，千疮百孔。

卷二

天才梦想

　　我是一个古怪的女孩，从小被目为天才，除了发展我的天才外别无生存的目标。然而，当童年的狂想逐渐褪色的时候，我发现我除了天才的梦之外一无所有——所有的只是天才的乖僻缺点。世人原谅瓦格涅的疏狂，可是他们不会原谅我。

——《天才梦》

亦舒曾经说，真正的美人，应该要美而不自知。这话说得透彻，但与此相反的是，真正的聪明人，应该要清楚地知道自己的斤两。

张爱玲就是这样一个聪明人。

回忆起中学时代，张爱玲自己总结说"中学时代是不愉快的"，这多少有些抱怨的意味，毕竟母亲狠心地丢下了她。

她开始喜欢往姑姑家跑，因为姑姑家里留有母亲的空气。纤灵的七巧板桌子、轻柔的颜色，还有些衣着时尚的客人来来去去，和母亲离开前没什么区别。

其实，张爱玲那时候的日子过得并不算坏。

她喜欢吃零食，尤其喜欢吃一个老女仆做的山芋糖，只要周末回家，老女仆就会做给她吃。她也常常和表姐妹们一起逛街、看电影，尤其喜欢三表姐，聊起天来嘻嘻哈哈的，能乐一整天。

张廷重在学业上也不怎么约束管教，由着她的爱好来。因为太爱看书，中学时她眼睛就近视了，戴了一副淡黄色镜架的眼镜，衣着随便，面容沉静，看起来和普通女孩没什么区别。

她那时候在国文上已经很厉害了。

一九三六年秋，汪宏声教授张爱玲国文课。他上的第一堂课，就是在黑板上为学生出了两个题目：《学艺叙》和《幕前人语》。

等到作文卷交上来，大家的文章都是短短二三百字，毫无文采。但有一篇引起了他的注意，那是一篇自命题作文，题目是《看云》，行文很潇洒，辞藻也华丽，只是有一些别字。

那篇作文是张爱玲的。

汪先生对张爱玲的作文大加赞赏，当众朗读了一遍，同学们自然是羡慕不已。从此之后，张爱玲的作文便成了班上的范文，校刊更是邀她担任主编，但她拒绝了，只答应投稿。

对于女儿的写作天分，张廷重也很得意，他极力鼓励她学作诗。家里本就有个老先生，是特意请来教弟弟作《汉高祖论》的，张爱玲并不怎么喜欢他，嫌他刻板迂腐。但她作的诗，很受老先生赞赏，她写过一首《咏夏雨》，"声如羯鼓催花发，带雨莲开第一枝"，得到了他的浓圈密点。

一次寒假里，张爱玲仿照报纸副刊的模式，自己编写了一份以家里杂事为内容的手抄副刊，还配了插图。张廷重看了大为高兴，只要有亲友上门，就拿出来炫耀。

不得不说，张廷重对女儿虽然疏于关心，但在写作这件事上，他还是给予了不少的帮助。甚至可以说，正是他遗老般的学究气，给了张爱玲最好的启蒙。

他书房里什么书都有，中外名著、地摊小报、鸳鸯蝴蝶派的小说……张爱玲只要有空，就一头扎进去。有时候，父女俩各自看书，也会聊一些亲戚间的笑谈，那时候她能感觉到：父亲是喜欢我的。

张爱玲八岁就看完了《红楼梦》，以后每过三四年就重温一次。"……每次的印象各各不同。现在再看，只看见人与人之间感应的烦恼。——个人的欣赏能力有限，而《红楼梦》永远是'要一奉十'的。"

网上流传的"人生三恨"就出自张爱玲之口：恨鲥鱼多刺，恨海棠无香，恨《红楼梦》未完。难以想象，十二三岁的她，就有这种遗憾。她翻阅家藏的石印本《红楼梦》，竟然看出了八十回之后"狗尾"的不好，下决心仿写《红楼梦》。

那部《摩登红楼梦》写于课外时间，有上下两册。她拿回家给父亲看，张廷重大喜过望，拿过笔来，亲自替张爱玲拟了回目。一共六回，对仗工整，像模像样，可惜她后来没有坚持下去。

"今儿晚上老爷乘专车从南京回上海，叫你去应一应卯儿呢……""去向你琏二哥道个喜吧！老爷栽培他，给了他一个铁道局局长干了！"这样的句子或许还稚嫩，却已经透露出这个小姑娘的早熟。

张爱玲第一篇公开发表的作品是一九三九年写的征文《天才梦》，其实在那之前，她已经在学校的校刊上零星地写过文章。

严格来说，短篇小说《不幸的她》，才是张爱玲公开发表的处女作。

她写了一对亲密的小学女同学，在成长过程中的命运离合。小说篇幅不长，文字也稚嫩，但隐隐有了张氏的苍凉，或许是因为赶上母亲的离开，在字里行间都有浓浓的愁绪。"人生聚散，本是常事，无论怎样，我们总有藏着泪珠撒手的一日！"

小小的校刊，成为张爱玲崭露头角的第一个文学平台。

之后几年，她又发表了《秋雨》《牛》《霸王别姬》等一系列文章，尤其以《霸王别姬》最为引人注目。

她那时才多大？别说谈情说爱，可能还没有情窦初开地喜欢上谁，但她已经开始老气横秋地揣度：《霸王别姬》不是什么浪漫的爱情故事，而是一个爱情悲剧。

虞姬将长刀毫不犹豫地刺进自己的胸膛，不是死于对战争失败的绝望，而是死于对巅峰之后衰落的忧惧。她果决地在这一切到来之前，结束了自己。

她的最后一句话是："我比较欢喜这样的收梢。"

谁能想到，这样的冷静和苍凉，出自一个十几岁的青春少女？

这篇小说是"故事新编"，汪宏声曾对此文不遗余力地赞美，说："爱玲的《霸王别姬》与郭沫若先生的《楚霸王之死》[1]相比较，

---

1. 应为《楚霸王自杀》。——编者注

简直可以说一声有过之而无不及，这样努力为之，将来的前途是不可限量的！"

就冲这份评价，他担得起伯乐两字。

这个时候的张爱玲，其实并没有把全部精力放在写作上，这只是一个能带来褒奖的小爱好，和其他爱好没什么分别。她没想当作家，她有许多海阔天空的计划，想中学毕业后到英国去读大学；想学画卡通影片画，尽量把中国画的风格介绍到美国去；想要比林语堂还出风头；想要穿最别致的衣服，周游世界；想在上海有自己的房子，过一种干脆利落的生活。

都说不幸的童年能养成一个作家，的确，张爱玲那细腻的文笔与父母失和脱不了干系，她没有得到完整的家庭和疼爱。但此时的她还没有形成孤僻高冷的性格，她还是幸运的，父亲和母亲虽然疏忽她，却不曾伤害她，还给了她良好的教育条件。

不过，这一切都因为后母的到来有了潜移默化的改变。

父亲再婚的消息，是姑姑张茂渊告诉她的。在夏夜的小阳台上，她当时就哭了，因为看过太多的关于后母的小说，万万没想到会应在自己身上。她只有一个迫切的想法：无论如何不能让这件事发生。

但后母还是进门了。

她叫孙用蕃，人称七小姐，是曾任民国政府国务总理的孙宝琦府上一朵耀眼的女儿花。这位七小姐性格外向，出嫁前交际十分广泛，赵四、陆小曼、唐瑛等都是她的闺密，算是上海名媛圈子里的一个风云人物。

她当然不算什么坏人，可自古后母难做，况且张爱玲又是那样敏感的少女，两人的关系也好不到哪儿去。

婚后，他们全家搬到了张公馆，那是张爱玲和弟弟出生的老宅子，沉淀了太多光阴与回忆。如今，这里依然有个家，人来人往，只是换了一个女主人，其中情味，不免又让张爱玲惆怅许久。

孙用蕃也爱抽几口鸦片，无事的时候，就和张廷重一起躺着烧水烟，家里总是弥漫着鸦片的云雾和像云雾一样的阳光。张爱玲并不喜欢，好在她住学校，很少回家。虽然偶尔也对后母不满，比如以前的老用人向她抱怨受到苛待时，她会义愤填膺，但因为她实在难得回家一趟，即使对孙用蕃有些意见，对方也客客气气地敷衍过去了。

有句话说得好，孩子懂事，都是因为吃过太多苦。张爱玲并不是一味地憎恶后母，只是不亲近而已。孙用蕃刚嫁过来的时候，姐弟俩对她都挺客气，保持着礼节性的见面招呼，偶尔也有一些谈论天气和日常生活细节的话语。

有一年放暑假，张爱玲在父亲书房里写作文，写完就放在那里。那是一篇写后母的文章，名字叫《后母的心》，把一个后母的处境和心情刻画得十分深刻细腻。孙用蕃无意中看到了，大为感动，极力称赞她懂事，又说文章写得好。家里来了客人，她总是把这篇文章拿出来说，夸张爱玲会写文章，言语中也有些以此为荣的意味。

张爱玲不是刻意排挤后母，孙用蕃也不是粗鄙之人，但母女之情是无法强求的。

张爱玲在《童言无忌》中曾经写道："有一个时期在继母治下生活着，拣她穿剩的衣服穿，永远不能忘记一件暗红的薄棉袍，碎牛肉的颜色，穿不完地穿着，就像浑身都生了冻疮；冬天已经过去了，还留着冻疮的疤——是那样的憎恶与羞耻。"

一件衣服而已，孙用蕃的衣服未必就真的旧了、破了、过时了，料子必定是好的，或许她是嫌样子不好看，或许是不喜欢了，或许是丢了可惜，随手就给了继女。但她忘了，小姑娘也是爱打扮的，你不喜欢，难道她就喜欢？

这种随手的打发未必是恶意的，但说到底就是不够亲近，所以才没有设身处地的关爱。而张爱玲呢，难道真的不能开口拒绝一件衣服？难道一件不好看的衣服，真的就有那么大的伤害？其实也是敏感得过分了。

类似的小事太多，累积起来，足够让两个人心生芥蒂。

倾世之才，倾城之恋

张 | 爱 | 玲 | 传

讲故事的人假正经，听故事的人最无心。

　　眼泪是配合伏笔，笑容是点缀高潮。其实，故事里的情味，谁又真的懂得呢？

　　还是静下心，点上一炉白木香吧。你知道它的来历吗？有的沉香树，即使受伤后分泌了树脂，也可能无法形成香料，而这些没有结香的沉香树，就叫作白木香。

　　原来，不是所有的苦难都有回报。

第三炉香　白木香

红楼梦魇

花园里养着呱呱追人啄人的大白鹅，唯一的树木是高大的白玉兰，开着极大的花，像污秽的白手帕，又像废纸，抛在那里，被遗忘了，大白花一年开到头。从来没有那样邋遢丧气的花。

——《私语》

如果张爱玲结婚生子，过上柴米油盐的生活，会是什么样子呢？

大概就是她后母孙用蕃那样吧。

孙用蕃做错了什么呢？她曾经也是玲珑心窍的姑娘，有才有貌，为了心爱的人，不惜抗拒家里的包办婚姻，比黄素琼更有主见。可惜她遇上了负心人，白白蹉跎了年华，如果不是这样，她不见得愿意嫁到张家做继室。

可是张爱玲太年轻了。十来岁的少女，就像枝头青嫩的果子，有任何风吹草动，就惊慌失措地瑟缩，教人看着不忍。以她的眼光来看孙用蕃，那已然是旧的、老的、不入时的，她觉得她们无话可说。

张爱玲多半时间在学校，难得回家。有一次放假，看见在家的弟弟，又心痛又怨恨。他变得高而瘦，穿一件不甚干净的蓝布罩衫，租了许多连环图画来看。她自己正在读穆时英的《南北极》与巴金的《灭亡》，顿时觉得弟弟不上进，又生气家里对他放纵不管。况且还有许多仆人来告状，纷纷指责张子静逃学、忤逆、没志气。

她比谁都气愤，潜意识里又觉得是后母的缘故，是她在教唆弟弟变坏。

那天在饭桌上，为了一点小事，张廷重扇了儿子一个耳光。张爱玲暗自心惊，她用饭碗挡住脸，眼泪直往下淌。孙用蕃笑着说："咦，你哭什么？又不是说你！你瞧，他没哭，你倒哭了！"

这话听在张爱玲耳朵里，字字诛心，字字都是煽风点火。

像所有青春少女一样，她敏感而冲动，放下碗筷，躲进了浴室。她在心里翻来覆去地咀嚼那些话，眼泪一次次地掉下来；她看着镜子里的自己，就像拍电影特写似的，一字一顿地咬着牙说："我要报仇。有一天我要报仇。"

然而弟弟似乎并不介意，哭完之后，一个人在阳台玩得不亦乐乎。皮球在玻璃门上撞来撞去，噼啪作响，张爱玲听在耳里，只觉得嘈杂而失望。

可是失望什么呢？悲凉什么呢？因为弟弟没有和自己站在统一战线？因为弟弟没有记住这份"仇恨"？因为电影式的冲突，原来在生活里被处理得平淡如水？

性格和命运真的是一朵双生花，张爱玲后来的爱恨情仇，与她此刻的敏感多思息息相关。这时候的她，始终以艺术的眼光审判着周围每个人。是的，审判。她太知道自己的聪明，对谁都带有管中窥豹的小优越感和小虚荣心。

其实，她的父亲和后母未必有那么不堪，她的母亲也未必有那么温情，只是她自己有选择性地放大了某些细节。她后来不厌其烦地在文字里诉说对母亲的失望，何尝不是因为自己当初刻意期望了许多？

一九三七年夏天，张爱玲从女校毕业，而此前不久，黄素琼从国外回来了。

不得不说，张廷重对这个女儿还是关心的，甚至很看重。尽管张爱玲自己没有发觉，但她三天两头不回家，往母亲的公寓跑，做父亲的不能容忍她多年来跟着自己，被养活、被教育，心却在那一边。

那一边，自然是指黄素琼。

这就是一场无形的拉锯战，张廷重和黄素琼都在暗自较劲。一个是趾高气扬地转身离开，自以为会开始不同的人生，铆足了劲要看前夫的笑话。他过得不如意，才证明了她的决定是明智的。而另一个呢，偏偏不肯露怯，纵情声色地过日子，要让对方知道，他们是互相看不上。

在矛盾一触即发的时候，张爱玲提出要报考英国伦敦大学。不管她是有意还是无意，她选择了黄素琼游学所在的地方。

张廷重勃然大怒，毫不犹豫地拒绝了。他既生气又伤心，连一向痴迷的烟枪也砸了，质问她，刚毕业就想走，是听了谁的挑唆。

孙用蕃也在一旁，她心里也认定这是黄素琼在搞鬼，无非是想"抢走"女儿。她对丈夫的这位前任自然没什么好感，冷言冷语地嘲讽："你母亲离了婚还要干涉你们家的事。既然放不下这里，为什么不回来？可惜迟了一步，回来只好做姨太太！"

她自然有她的立场，但张爱玲不能理解，认定这是对母亲的侮辱，对继母和父亲再也没有好印象。

当时上海正处于战争时期，留学的事也就暂时搁下了。张爱玲心里自然是不平的，又觉得自己家离苏州河太近，夜间听见炮声不能入睡，便跑去母亲那里住了两个星期。

谁也没有想到，这件小事竟然是一条巨大的导火线，彻底摧毁了张爱玲和张家之间的情分。

她回来那天，刚好撞上孙用蕃。面对这个不打招呼就离家出走的继女，孙用蕃不管面子上还是情感上，都不舒服，忍不住出言挑衅她："你眼睛里哪儿还有我呢？"

两人吵了起来，孙用蕃情急之下，打了张爱玲一个耳光。

张家好歹是诗书人家，张爱玲自小也是被前呼后拥着照顾的，哪里挨过打？她立刻就要还手，却被家里的用人拦了下来。

孙用蕃一路锐叫着奔上楼去向张廷重连声告状："她打我！她打我！"

在两个怒气冲冲的长辈面前，一个骄傲倔强的少女自然要吃些亏，在很长一段岁月里，张爱玲都无法面对那个狼狈的自己。

在她笔下，那是一个暴怒的父亲，他后来甚至朝女儿扔了一只大花瓶。张爱玲身上、脸上都是伤，冲动地要去巡捕房，结果根本出不了门。

用人何干跑过来，抱着她痛哭："你怎么会弄到这样的呢？"张爱玲也哭，家里没有人搭理她，她独自在楼下的空房里待了一整晚。

张爱玲成名后，这桩事也被抖落得天下皆知。孙家人曾经屡次对外澄清，吵架是有的，孙用蕃也确实尖着嗓子嚷嚷了几句，有煽风点火的嫌疑，但没有到动手的地步，连推搡都没有。

到底谁是谁非，真相已经不重要了，在张爱玲心里，这个家是一点温情也不剩了，仿佛牢笼，她只想快点飞出去。

但她走不了。张廷重扬言要用手枪打死这个女儿。张爱玲的舅舅和姑姑来说情，刚进家门，孙用蕃就冷笑道："是来捉鸦片的吗？"不等张茂渊开口，张廷重便从烟铺上跳起来劈头打去，兄妹两人竟然厮打起来。

张茂渊的眼镜被打破了，脸上受了伤，一直流血。张爱玲的舅舅拉着她，让她赶紧上医院去。临走时，她愤恨地对张廷重说："以后再也不踏进你家的门！"

张爱玲被关在一间空房里，除了照料她生活的用人何干，谁也不能接近她。原本熟悉的环境突然变得陌生了，像月光底下的黑影中现出青白的墙，片面、癫狂。

那一刻，她觉得格外无助而悲壮。她把父亲的心思里里外外揣测着，怀疑他要把自己关在家里几年，这个想法让她恐慌。她不能这么虚耗光阴，她正年轻，经不起折腾，因为年轻的好时候那么短，她绝不甘心废了。

她想到了逃跑，以前看过的《三个火枪手》《基督山伯爵》一齐到脑子里来了。她开始偷偷地为逃跑做准备。每天清晨起来后，就在落地长窗外的走廊上做健身操，锻炼身体。

何干一次次地叮嘱张爱玲："千万不可以走出这扇门呀！出去就回不来了。"但她渴望出去，听着外面飞机从低空飞过的声音，她甚至幻想有个炸弹掉在她家，大家干脆死在一起。

往事是容易失真的。毕竟隔了很多年，有的人已经不在了，当事人也容易生出悲壮的英雄情结，似乎回忆越惨，越显得当时不容易，恨不得给文字配一段应景的音乐才好。

这当然不是特指张爱玲，大部分人的回忆都会经过美化和加工，有时甚至是自动的。张廷重肯定没有女儿猜想得那么恶毒，但他给她造成了永久的心理创伤，也是事实。

就在张爱玲想方设法离家出走时，她得了严重的痢疾，差一点就死了。

据张爱玲自己说，父亲知道她患了痢疾后，不给她请医生，也不给她吃药，眼看着她的病情一天天严重。好在何干忠心，唯恐自己的小主人发生什么意外，于是背着孙用蕃，偷偷地和张廷重商量。

或许是这个李菊耦留下的老女仆说话有些分量，或许是张廷重不愿背上虐杀女儿的名声，总之，他开始给张爱玲注射消炎的抗生素针剂。

后来，张爱玲曾经把这段被软禁的经历写成英文，投到《大美晚报》上发表。编辑还给她这篇文章起了一个很耸动的标题："*What a Life! What a Girl's Life!*"偏偏张廷重是《大美晚报》的忠实粉丝，每天都会订阅，看到女儿的公然控诉，他大动肝火，却也无可奈何。

等到张爱玲在《天地》月刊上发表《私语》，又把这件事细说了一遍，张廷重难堪之余，有脾气也发不出来了，因为那时张爱玲已经是上海最红的作家了。

那场痢疾断断续续地拖了半年。张爱玲躺在床上，看着秋冬的淡青的天，看着对面的门楼上挑起灰石的鹿角，看着地上累累两排小石菩萨，总是疑心自己会死掉，被潦草地埋在园子里。

然而她并没有放弃逃离的想法，连睡梦里都是用钥匙开门、关门的声音。

在一个冬天的晚上，她先用望远镜察看马路周边的情形，然后趁着门卫换班，偷偷地溜出房间，自己打开了铁门。这是她打探了很久获得的消息，门卫换班的时候，铁门是没有人看守的，她只需要从里面拔出门闩，就能逃出去。

逃出去的张爱玲就像脱离笼子的鸟，欣喜而惶恐。她唯恐自己被抓回去，看到路边停了一辆黄包车，她马上坐上去，还不忘和车夫讨价还价。

她心里暗暗高兴：我还没忘了怎样还价。

她并没有别的地方可以去，慌里慌张地跑到了黄素琼那里。

母亲也并不是想象中的遮风伞。黄素琼收留了她，但这种收留有被迫的性质和嫌弃，她没有选择，只能由此开始承担张爱玲的生活、教育费用，连孙用蕃都忍不住嘲笑她：自搬砖头自压脚。或许是她对张爱玲的期望太高，或许是她被生活磨得失去了耐心，她一边可怜着女儿，一边又无情地嫌弃着。

最让张爱玲感觉不可思议的是，母亲直白地问她，是要读书还是嫁人，若要嫁人，就用省下的学费来购买各种时髦服饰；若要读书，便不可随心所欲地装扮自己。

对张爱玲来说，这是一种赤裸裸的评估，她有预感，母亲的家不复是柔和的了。

卷
二

临水照花

　　公寓里的家还好好的在那里，虽然我不是那么绝对地信仰它了，也还是可珍惜的。现在我寄住在旧梦里，在旧梦里做着新的梦。

—— 《私语》

临水照花，这个词用来形容张爱玲和黄素琼也很合适。谁是水，谁是花呢？

从彻底离开张家开始，她们的母女情分，就像临水照花，明明什么都没有隔着，但始终无法走到一起。

金钱，是一个很大的因素。

俗吗？不俗，即便是这对出身不俗的母女，钱也才是永远能攥在手里的安全感。张爱玲选择投靠黄素琼，这和红拂夜奔差不多，红拂凭的是对方的才干，而张爱玲凭的是一腔罗曼蒂克的爱。

事实证明，爱比才干更不可靠。有才干毕竟还看得到，还能露出点蛛丝马迹。爱是什么呢？甜言蜜语还是牵肠挂肚？都是虚的。

在过去的日子里，张爱玲眼里的母亲，是一个迷人而聪明的新女性，有想法、有能力，和窝在家里坐山吃空的父亲不同。其实有什么太大的不同呢？黄素琼每次出国，必带一箱子古董，变卖之后，用来维持在英国的生活。她没有任何谋生的能力，眼看着家产越来越少，她也想着做点生意，于是囤了一箱皮货，结果折本了，亏损了许多。

张爱玲来的时机并不好，她当时正经济窘迫着。当然，这种窘迫是相对的，绝不是穷人家连生计都成问题的为难，而是没有能力继续维持以前贵族生活的消费水平。偏偏张爱玲还做着出国留学的打算，教育费用更是不菲。

第一次伸手向母亲要钱时，张爱玲的感觉是亲切而有味。她的童年几乎是没有母亲的，这种小事从来没有经历过，做起来有些梦想成真的快乐。

她一直渴望这种小事里透露的亲密，渴望这种"女儿依偎着母亲"的感觉。曾经有一次，黄素琼心血来潮，给张爱玲梳了一个时髦的发型：把刘海掠上去，用发胶梳成却尔斯王子的横云度岭式。其实并不好看，看起来就像小孩子偷穿大人衣服似的，但她满心欢喜，哪怕头发很快就塌了，刘海七零八落地飘下来，她也舍不得去碰。直到班上的同学都取笑她"痴头怪脑的"，她这才笑着重新梳了头发。

她每次画画，涂鸦作品里的小人永远像黄素琼，纤瘦、尖脸、铅笔画的八字眉，将心目中那个完美的母亲演绎成纸上的女神。

但她不得不承认，住在同一个屋檐以后，女神就渐渐落到尘埃里了，温情就渐渐没有了，取而代之的是柴米油盐的摩擦。

那年夏天，不知道什么原因，弟弟张子静也从家里跑出来了。他带了一双用报纸包着的篮球鞋，站在母亲和姐姐面前，哭着不肯回去。黄素琼再一次展现出她强大的理智，她直白地告诉两个孩子："我只能收养一个，养了张爱玲，就不能再养你。"

张子静哭，张爱玲在旁边也跟着哭，但他后来到底回去了，带着那双篮球鞋。

黄素琼的做法当然情有可原，她没有必要替前夫养两个孩子。但这件事给张爱玲留下了很深的印象，她不是天生冷情冷面的人，是在雨里淋久了，所以心也湿透了。

她其实不是盲目向人伸手讨要宠爱的人，打小的经历早就让她变得清醒。但是，黄素琼又给了她这点幻想，一次次地，让她误以为自己是可以全身心依赖母亲的。可惜那个伸出手的人，很快就把手缩回去了。

毫无疑问，黄素琼对女儿是有爱意的，但她似乎从来不知道怎么爱一个没有独立的、年幼的、聪明又敏感的孩子。

有一次，黄素琼带张爱玲过马路，走着走着，两人拉开了间隙。张爱玲一边赶上去，一边忽然冒出个念头：这时候应该牵一下母亲的手。她们几乎没有牵手的经历，但一对亲密的母女不是都应该这样吗？她心里想着，便鼓起勇气拉住了黄素琼的手。

这是母女二人难得的肢体上的直接接触，然而两个人都非常不适应，张爱玲是"没想到她手指这么瘦，像一把细竹管横七竖八夹在自己手上，心里也很乱"，黄素琼则是一到人行道上"立刻放了手"。

这些小事都在张爱玲心里堆积着。从前，她在父亲家里的时候，怕向父亲要钢琴老师的薪水，现在到了母亲家里，也怕问母亲要公共汽车钱，她宁可走路绕半个城去上课；有时候打碎了母亲家里的一只茶壶，也要自己出钱给配一只。

这种束手束脚的生活，似乎和在父亲家没什么两样，甚至更沮丧，因为她亲手打破了自己的梦。以前，她还可以幻想各种母亲的温暖，借此忍受在后母那里受的委屈，现在她连幻想的对象都没有了。

每天，她总是一个人在公寓屋顶的阳台上转来转去，西班牙式的白墙在蓝天上割出断然的条与块，仰脸向着当头的烈日，她觉得自己是赤裸裸地、孤苦无依地被晾在天底下，等着被审判。

到了晚上，张爱玲与黄素琼睡在一张床上，母女两人比肩而靠，却什么话也不说。黄素琼发现张爱玲越来越让自己失望，说出口的话也就越来越难听，她曾经直白地说："我懊悔从前小心看护你的伤寒症，我宁愿看你死，不愿看你活着使你自己处处受痛苦。"

她的嫌弃毫不掩饰。以前没有生活在一起，她只知道张爱玲聪明，这种浮在表面的认识，终于被戳破了。原来这个女儿竟然这么笨，她不会煮饭，不会用肥皂粉洗衣服，点灯后不记得拉上窗帘，甚至连补袜子都不会。

人生就是这样，会捡了芝麻，丢了西瓜。她做过秘书，做过缝制皮包女工，做过华侨学校的老师，也是吃过苦的人，但那时她还是阔太太，这些苦更像是闹着玩，只是纸上谈兵的体验。等到要吃苦的时候，她根本承受不来，更别说担起母亲这样一个琐碎的角色。

黄素琼对张爱玲失望极了，这种失望带着沉甸甸的抱怨，甚至是后悔，就像孙用蕃笑话的那样：自搬砖头自压脚。她要的是一个省心省事的少女，而不是什么都不懂的雏鸭，她甚至没有耐心让对方跟在自己身后慢慢学。

她的脾气越来越暴躁，时常会有阴阳怪气的谩骂。

刚开始，发生摩擦的时候，张爱玲会试着辩解。黄素琼便生气说："你反正总有个理！"张爱玲想："没有个理由我为什么这样做？"但是从此不开口辩解。

有一次黄素琼请客，饭菜摆好了，发现缺一把椅子。张爱玲费了好大力气拖过来一把沙发椅，母亲当着所有的宾客骂道："你这是干什么？猪！"

还有一次，张爱玲生病呕吐，黄素琼冷冷地说："反正你活着就是害人！像你这样只能让你自生自灭。"

张爱玲疑心是因为自己花了钱的缘故，她看得出来，黄素琼为她花了一些钱，并且总在怀疑这些花费是不是值得。她特意向母亲表示："我要把花的钱赚回来，花的这些钱我一定要还二婶的。"黄素琼只像没听见一样，继续发脾气发牢骚："想想真冤——回来了困在这儿一动都不能动。"

这话倒是透出了一点真心。

黄素琼是有个外国男朋友的，她本来已经计划好了，要和男友一起去国外生活，但是因为突然多了一个张爱玲，不得不留在上海。对于母亲的各个男朋友，张爱玲是知道的，甚至有些抵触和忌妒。

在自传性小说《小团圆》里，张爱玲描写了一个细节。

黄素琼曾经去张爱玲念书的学校看她，心不在焉的，见了一面，匆匆忙忙地就要走，因为小男友就在外面等着。还有一次，她陪着黄素琼在海滩玩，突然从海水里冒出一个年轻人，那是黄素琼新交的小男友，黄素琼立刻就让张爱玲离开了。

毫无疑问，黄素琼是一个有魅力的女人，但她的魅力似乎从来没用在女儿身上，她宁肯用来和男人周旋。

从母亲身上，张爱玲真的看透了女人。似乎一个有点姿色的女人，总爱在手里抓几个男人，不是为了爱，而是为了证明自己的魅力。

她极力避免让自己走黄素琼的老路，殊不知，她的感情路同样走得磕磕绊绊。

张爱玲写过一件小事。那时候，她突然想吃包子，姑姑知道后，用家里现成的芝麻馅，捏了四个小小的包子，蒸熟了给她。她永远记得那种心情，看着包子上的小小褶皱，心里也皱成一团。

比起金钱，她更想要这种细节里的爱与关心，可是黄素琼并没有做到。成年后，张爱玲一直不喜欢小孩，也从来不想要小孩，她觉得如果有小孩，一定会对她坏，替她母亲报仇。

被爱的人才知道怎么去爱人，而她不知道。

一九五七年，黄素琼病重。她远在英国，给张爱玲写了一封信，希望能再见女儿一面。但那时张爱玲自顾不暇，从前那些琐碎的难堪，也磨灭了她对母亲的爱。

她没有去，只寄了张一百美元的支票。

香港岁月

　　到了浅水湾，他搀着她下车，指着汽车道旁郁郁的丛林道："你看那种树，是南边的特产。英国人叫它'野火花'。"流苏道："是红的么？"柳原道："红！"黑夜里，她看不出那红色，然而她直觉地知道它是红得不能再红了，红得不可收拾，一蓬蓬一蓬蓬的小花，窝在参天大树上，壁栗剥落燃烧着，一路烧过去，把那紫蓝的天也熏红了。

——《倾城之恋》

但凡看过《倾城之恋》的人，都难以忘记张爱玲为香港写的那一树花。

那是凤凰花，广东人叫影树，如凤凰的羽翅，花开时团团簇簇，燃烧似野火。

在张爱玲的笔下，香港如同凤凰花这样蓬勃向上，生命力十足。她在香港大学的三年，就是从这片火红的颜色开始的。

她原本是要去英国的，一心追随母亲的脚步，特意报考了英国伦敦大学。那一年，英国伦敦大学在上海进行招生考试，张爱玲毫无悬念地得了远东区总分第一，只是天意弄人，她赶上了第二次世界大战。

战火打断了张爱玲的求学之梦，她去不了英国，只好拿着录取通知书，改道去了香港大学，专攻中文及英文。

这是一座热闹的城市：有市侩的饮食男女，也有浪漫的玫瑰情怀；有靡丽的灯红酒绿，也有热血的江湖市井；有里巷的鸡毛蒜皮，也有大院的钩心斗角……

如果说上海为张爱玲构建了故事，那么香港则为那些故事染上了色彩，光怪陆离。

《倾城之恋》里，白流苏穿着绿色玻璃雨衣，登上细雨迷蒙的码头，她的故事缓缓拉开帷幕。张爱玲也一样，当轮船缓缓靠近香港码头，她已经预感到故事的萌芽，即便是栽个跟头。

初到香港，陪伴张爱玲的是一只旧皮箱，那是母亲出国时用过的。在人生地不熟的异域，她连粤语都听不懂，这只皮箱是她唯一的依靠。

姑姑担心张爱玲，找了一个旧友，让他到码头去接应侄女。

这个人叫李开第。

他是姑姑张茂渊的初恋情人。据说，两人相识于开往英国的轮船上，一见钟情，可惜双方家世悬殊，这段恋情不了了之。李开第很快在家人的安排下结了婚，辗转到了香港的洋行工作。

张茂渊经历了失恋的剧痛后，抽身而退，留给了李开第一句话："今生等不到，我等来生。"李开第对她既有内疚，又有怀恋，如今见了张爱玲，自然是百般照顾。

他亲自开车去码头接了张爱玲，把她送到香港大学，帮她办理入学手续。接下来的三年，他也不忘照拂这个故人之侄女，让她在困窘的求学生涯中，偶尔也能吃到滩头上油煎的萝卜饼，喝上牛奶，吃上甜面包、三角饼、椰子蛋糕。

这对张爱玲来说，已经是很奢侈的了，她的大学生涯朴素而精简。

当时到香港大学就读的，很多都是有钱人家的子女，或是华侨富商，或是京沪名媛，个个光鲜靓丽，汽车出行。但这些都和张爱玲没有关系，她住着最简陋的学生宿舍，一个小小的单间，半截百叶门，连电灯都没有，需要自己置办。

好在黄素琼有先见之明，早早地给张爱玲买了一盏小台灯，塞在皮箱里，千里万里地带了来。

每天早上起来，她点亮窗台上的台灯，然后去洗漱。乳黄色球形灯罩的光，映在透着蓝色海面的窗子上，有一种妖异的感觉。

在这里，她多少有些孤独。

张爱玲是学校里"有名的"穷学生，虽然没有到三餐不继的地步，但是，在一群出手阔绰的同学中间，她就像异类。

她没有钱买自来水笔，上课时，全班只有她一个人用蘸水笔，她总是要随身带着墨水，非常醒目；她从来不参加任何社交活动，因为黄素琼给的生活费并不多，为了省钱，她连跳舞都没学会——因为跳舞要额外置办衣裙，她舍不得。

一来二去，整个学校都知道学校有这么一位贫困生了。这不是什么光荣的事，张爱玲又一向要强，经济上的不如意，便转变成发奋苦读的决心。这种窘迫的心情维持了很久，对她的刺激不小，她后来写《沉香屑》系列和《茉莉香片》等，写透了香港的纸醉金迷，简直要剥一层皮，要教人瞧清楚了物质背后的空洞。

她大刺刺地说："我喜欢钱，因为我没吃过钱的苦……不知道钱的坏处，只知道钱的好处。"

她自己和欲望挣扎过，才写得出那形形色色的男女。

从单纯女学生堕落成交际花的葛薇龙、坏了名声后匆忙嫁人的王娇蕊、步步为营的嫁给富家子弟的白流苏……那些姑娘都是张爱玲的心魔。

张爱玲的英文极其好，可以背下弥尔顿的整本《失乐园》，这当然不是天生的。图书馆是她常去的地方，她喜欢那些乌木长台、影沉沉的书架子和带着冷香的书卷气。尤其是几间旧书库，很久没有人来，里面的象牙签、清代礼服的五色图版、大臣奏折……都让她有他乡遇故知的惊喜。

时光仿佛倒流了，她依然是那个张家的娇小姐，一头扎进父亲的书房，兴致勃勃地翻阅着报纸或小说，头顶的日光暖洋洋的，散漫而悠闲。

但到底还是不同的，她在遥远的异地，是实实在在地寒窗苦读着。

张爱玲一心想考出好成绩，因为拿到了丰厚的奖学金，手头就能宽裕些，也多少能挣回一点脸面。这个年纪的少女，没有不虚荣的，喜欢美丽的容貌、喜欢阔绰的做派、喜欢聪明的头脑，她前两者都没有，只好从后者下功夫。

她不仅埋头苦读，还花了许多心思研究教授的套路，结果，门门功课都拿了第一。大二开学时，她顺理成章地拿到了奖学金，而且还免了学费和膳宿费。

这可真是前所未有的光荣，连以严厉出名的英国籍教授都赞叹不已：教书十几年，从未有人考过这么高的分数！

不过，勤勉的学习也意味着她没有空闲时间，这三年里，她几乎放弃了写小说，甚至不怎么使用中文。连给母亲和姑姑写信，她用的也是英文，一来是学校里使用英文教学，二来是母亲和姑姑的英文都特别好，她细细地研读每一封信，就当是英文练习。

据张爱玲自己说，她大一时曾经参加由《西风》杂志创办的征文比赛。比赛要求稿子在五百字之内，为了奖金，她一遍遍地点字数，改了又改，就是那篇有名的《天才梦》。

很快，杂志社通知张爱玲"得了首奖"，她高兴得就像买彩票中奖似的。当时宿舍里有个天津来的同学，熟悉中文报刊，张爱玲就把杂志拿给她看，对方极力夸赞，还帮着她宣扬。

不久后，杂志社邮寄来了全部获奖名单，首奖却不是张爱玲，而是一篇《我的妻》。她的名字排在末尾，仿佛是一个"特别奖"，类似于现在的安慰奖或优秀奖。她讪讪地把这份通知单拿给室友们看：其实不但不是头奖，二奖三奖也都不是……对方嘀咕着"怎么回事？"，气氛显得格外难堪。

这件事让张爱玲耿耿于怀，"得奖这件事成了一只神经死了的蛀牙"，这或许也是她大学不再热衷于文学创作的原因之一。

一九四一年十二月八日凌晨，日军炮轰启德机场等重地，整个香港被围困在滚滚黑烟和冲天大火之中。

从那夜开始，纸醉金迷的繁华不复存在了，取而代之的是惊慌和逃亡，许多人从睡梦里醒来，又在奔跑中倒下。张爱玲也无法避开这场慌乱，香港大学被征用成临时医院，学校停止授课，宁静的读书生涯就这么结束了。

她在《烬余录》中这样写道："我们对于战争所抱的态度，可以打个譬喻，是像一个人坐在硬板凳上打瞌睡，虽然不舒服，而且没结没完地抱怨着，到底还是睡着了。"

面对沉浮不定的命运，学生们恓恓惶惶，只有热衷于社交的女大学生们最为开心。她们完全把停课当成了成长中难得的乐趣，就像在庆祝久违的节日，每天都频繁地出入酒会，兴致勃勃地打扮自己。而张爱玲呢，在无法回家的情况下，她不得不报名去参加守城，以解决临时的吃住问题。

一身格外臃肿的棉袍，在慌乱中随着人流不停地奔走着，很难想象，这是那个长在锦绣丛里的娇小姐。

　　香港沦陷后，张爱玲彻底无法安心读书了，她和同学又被安排到大学堂临时医院做看护，帮忙照顾伤病员。一次次地目睹病员在半夜里的痛苦，一次次见证生离死别，这并不是一件容易的事，久而久之，积成了她笔下的苍凉。

　　有一次，轮到张爱玲夜间值班，有位患者突然醒过来，疼痛难忍地大叫。张爱玲四处找不到医生，只能眼睁睁地看着他被痛苦折磨。无助和绝望之下，他把手不断地伸向站在床前的张爱玲，她既无助又从内心感到莫名厌恶，干脆转过身。

　　"要水。"病人几次呼唤她，眼里充满了祈求。张爱玲回应说没有开水，然后走开了。

　　这位要水喝的患者最终死了，脸上始终流露着不满足的缺憾。

　　但张爱玲已经无心关注这个，她甚至没有多余的精力来感慨生和死。她忙着和同伴去厨房觅食，用椰子油烘了一炉小面包，像中国的酒酿饼。别人的后事自然有专业看护去解决，她们吃着面包、听着鸡叫，庆幸自己又安然无恙地活下来了。

　　时代荒乱，是人生的磨难与哀伤。在张爱玲身上，生和死碾过一轮；在张爱玲笔下，苍凉又重了几分。

传奇有很多，而张爱玲只有一个。

　　她的传奇，是把生平年月掰碎了，碎成满地的惊心动魄。但不是随便粘几处，就可以凑成张爱玲。

　　你不懂？没关系，闻闻这一炉沉水香。它和白木香其实原材料相同，那些受伤的沉香树，若是成功结香，就叫沉水香，而白木香只是胎死腹中的传奇。

　　同生同源，活得漂亮靠本事。

第四炉香　沉水香

红颜知己

在这个世界上，恐怕只有炎樱能买到让我满意的围巾，换任何一个人都不行。包括爱丽斯或邝文美，炎樱是无法替代的。可能，任何人都无法替代。

——《张爱玲私语录》

很难想象，像张爱玲那样冷的人，也会有好朋友。

香港沦陷时，她不放心张爱玲，大老远地跑来临时医院寻人。晚上，两人挤在同一张床上，盖着一张大报纸，相互安慰。

这个人就是炎樱。她们相识于香港大学，是同窗，也是情同手足的姐妹。

炎樱与张爱玲截然不同。

张爱玲家庭离异，而炎樱有一对相亲相爱的父母。她父亲是阿拉伯裔的锡兰[1]人，在上海开珠宝店；母亲是天津人，为了嫁给她的父亲，不惜跟家里断绝了关系。

张爱玲相貌不美，而炎樱长得像个英俊的小男孩。她虽然皮肤黝黑，但娇小丰满，五官轮廓很分明，从照片上看算是美人，异性缘一直很好。

张爱玲性格孤僻，而炎樱阳光开朗。她笑起来很响亮，说话又快，待人又热情，有她在的地方，就有欢笑。

她们明明如此不同，却又如此要好。

"炎樱"这个中文名，是张爱玲为她取的，两个字的搭配很美。但她本人好像不很满意，自己改名"莫黛"，张爱玲说这个听起来不好，像"麻袋"，于是又改为"貘梦"。——这是有典故的，貘，是一

---

1. 锡兰，即现在的斯里兰卡。——编者注

种专门吃梦的动物。

炎樱幽默风趣，经常语出惊人。张爱玲特意写过一篇《炎樱语录》，记录了很多她的名言逸事，这是其他任何朋友都没有的待遇。

炎樱身材矮小，时时有发胖的危险，但她并不担忧，反而很达观，说："两个满怀较胜于不满怀。"张爱玲解释说："这是我根据'软玉温香抱满怀'勉强翻译的，她原来的话是：'Two armfuls is[1] better than no armful。'"

她在报摊上翻阅画报，统统翻遍之后，一本也没买。报贩讽刺道："谢谢你！"炎樱答道："不要客气。"

有人说："我本来打算周游世界，尤其是想看看撒哈拉沙漠，偏偏现在打仗了。"炎樱说："不要紧，等他们仗打完了再去。撒哈拉沙漠大约不会给炸光了的，我很乐观。"

炎樱买东西，在付账时，总要抹掉一些零头，即使在精明的犹太人开的商店里，也要这样。她把皮包里的东西兜底掏出来，说："你看，没有了，真的，全在这儿了……"

炎樱头脑机智，文学天赋也很好，有不少话，都说得很奇崛。

她说："每一个蝴蝶都是从前的一朵花的鬼魂，回来寻找它自己。"

---

1. "armfuls"为复数形式，此处应为"are"。——编者注

西方有谚语云："两个头总比一个好。"意为"集思广益"；而炎樱在作文里写道："两个头总比一个好——在枕上。"判作文卷的教授看了，目瞪口呆。

这对好朋友的兴趣倒是很一致，绘画就是其中一项。在香港沦陷时，为了打发光阴，两人就常在一起作画，一个勾图，另一个就上色。张爱玲曾给炎樱画过一幅肖像，形神毕肖，颇得人欣赏，有一位俄国老师，甚至要出港币五元买下来。

炎樱虽不是专攻绘画的，可在这方面有天赋，后来张爱玲还让她帮忙设计封面，比如小说集《传奇》，封面就是炎樱设计的，确实有些不同的意味。她只打了草稿，为那强有力的美丽的图案所震撼，张爱玲心甘情愿地像描红一样，一笔一笔地临摹了一遍。

炎樱后来也写了一些散文，都是由张爱玲帮忙翻译的。她非常喜欢这个朋友的语言，认为很有特色。

她们好得如同一个人，在香港求学期间，凡是看电影、逛街、买零食，张爱玲都是与炎樱做伴。

还有一次，学校放暑假，炎樱起先答应留下来陪张爱玲，但不知什么原因，没打招呼就回上海了。张爱玲有一种被遗弃感，倒在床上哭得不可开交。据她自己说，她平生只大哭过两回，这就是其中一回，可见她与炎樱感情之深。

没有人是天生冷僻，也没有人喜欢孤独，有时候选择一个人独来独往，只是不愿意虚与委蛇。张爱玲真的交不到朋友吗？她在那样的家庭里长大，怎么可能真的低情商？她只是知世俗而不世故，她只是不屑。

其实，她对很多细微的善意都铭记于心，但凡有机会，都尽可能地回报。

炎樱是懂张爱玲的，因为懂得，所以怜惜。张爱玲那时候生活费有限，她就常常拉着张爱玲出门，在亲友间走动，或是参加各种活动。

有一次，炎樱兴致勃勃地请张爱玲去看电影，张爱玲不愿意总是占便宜。但炎樱怎么会让她一个人待在宿舍呢？说是父亲的老朋友请客，非要拉她去放松一下。

电影院在中环，很古旧。要请客的那位老朋友是个五十多岁的高大男子，但瘦得像个架子，穿着一件泛黄的白西装，大眼睛里充满了血丝。

当炎樱向他介绍完张爱玲后，对方忽然露出了非常窘迫的神色，从口袋里掏出两张票，朝炎樱手里一塞，很不安地说了一声："你们进去。"

他转身走了，还塞给她们两包夹带糖鸡蛋的煎面包。张爱玲待在一旁，从不明所以到渐渐明白：那个朋友的钱只够买两张票，对方把看电影的机会让给了她。

想到对方窘迫的神情，张爱玲心里不是滋味，连电影也没有看完，就中途退场了。

读书期间，张爱玲的经济一直不宽裕。碰上学校放暑假，她常常因为没有路费，只能继续留在学校。但学校的宿舍和食堂是要关门的，好在嬷嬷们体贴，知道她学业优秀，就让她住进修道院蹭吃蹭喝。

有一年暑假，黄素琼出人意料地来了学校，美其名曰探望女儿。

她穿着湖绿麻布衬衫，白帆布喇叭管长裤，虽然刻意打扮朴素，开口就是应牌友之邀来香港，负责接待的嬷嬷起了疑心，旁敲侧击地打听她的行踪。

黄素琼住在浅水湾饭店，那是香港最贵的饭店。

她并不知道，在嬷嬷面前，张爱玲有多么难堪。一个浅水湾饭店，一个修道院，在这样残酷的对比下，任谁都觉得张爱玲是在白吃白住地占便宜，殊不知她是真的穷。

黄素琼离开学校的时候，张爱玲去送她，其实两人没什么话好说，她只是在心里觉得自己应该礼貌些，"自己多送几步，似乎也是应当的"。等走到马路边，车停在那里，张爱玲站住了，想着最好的礼仪是微笑着目送母亲离开，但站了一会儿，她突然发觉自己离汽车太近了，有窥探车内的嫌疑，会让黄素琼误会自己是在打探她交男友的事。

这个念头让她坐立不安，立刻转身就走了。

这哪里是母女相处的情形呢？连相熟的普通人都不如，时时刻刻都在心里拿捏着界限，唯恐自己一不小心就被讨厌、被嫌弃。

张爱玲并不知道，母亲那时只是从香港转乘，是要飞到国外去看男友的。她天天都到浅水湾酒店去，按时按点地陪着聊天，母女俩的感情却越走越远。

有一天，张爱玲带去了八百港币，那是某个老师很赏识她，特意送给她的"奖学金"。

黄素琼立刻质疑那个老师是否居心不良，张爱玲连忙解释，对方是好人，除了上课，两人根本没来往。黄素琼便接了钱，"先搁这儿再说吧"。

这让张爱玲难堪极了。两天后，她又得知，这八百港币被母亲打牌输掉了！此后，黄素琼再也没提那笔钱的事。

这件事对张爱玲的触动极大，她后来因为一些文章惹得舅舅家不高兴，但她完全不在乎，连黄素琼的心情也不顾了。她对姑姑坦承：

"自从那回，我不知道怎么，简直不管了。"

是的，不管什么母女情分了，她心底原先那点温暖都被耗完了。就像一盆炭，明火暗火地烘着，哪怕看不见光，也有热气腾着，谁知道不知不觉，里头竟然已经烧空了，什么都不剩。

姑姑看出了她心里的芥蒂，始终认为是钱财闹的，劝解说："她倒是为你花了不少钱。"

张爱玲已经毫不动容，端着亲兄弟明算账的态度："二婶的钱我无论如何一定要还的。"

曾经有人说，在婚姻里，钱是一个女人最后的体面。其实这句话放在哪种感情里都适用，张爱玲和黄素琼母女一场，何尝不是如此？

张爱玲在乎的，不是那八百港币，而是那八百港币彻底撕掉了母女间的最后一丝体面。

从前，这个母亲不理解她；现在，这个母亲还误解她。

黄素琼甚至对女儿的交际也表示怀疑。这次来香港，她也见到了炎樱，她疑心两人的关系超出了朋友之情，话里话外地敲打张爱玲，"不要让她控制你，那不好"。

张爱玲几乎是立刻捕捉到黄素琼的话外之音，她也几乎是立刻生出反感和失望。她不是闭塞的人，以前也常常听黄素琼和张茂渊在背后议论，但她没有想到，那种隐晦的奚落和暗笑会落到自己身上，而对方竟是自己的母亲。

　　她心里充满了屈辱感，母亲也一度跟姑姑关系密切，舅舅甚至常常嘲笑她俩是同性恋，她何尝怀疑过什么呢？她的母亲却这样怀疑她，不由分说，不假思索。

　　她对母亲曾经有过千好万好的幻想，这一刻，彻底磨灭了。

上海风云

上海人是传统的中国人加上近代高压生活的磨练。新旧文化种种畸形产物的交流，结果也许是不甚健康的，但是这里有一种奇异的智慧。

谁都说上海人坏，可是坏得有分寸。上海人会奉承，会趋炎附势，会混水里摸鱼，然而，因为他们有处世艺术，他们演得不过火。

——《到底是上海人》

战乱中止了张爱玲的求学之路，她不得不回到上海。

然而，上海也没有一个可以容身的"家"了。父亲那边，是彻底闹翻了；母亲已经和男友去了新加坡；她只能去姑姑租住的赫德路爱丁顿公寓。

这里似乎还是从前的模样：阳台很大，可以看见毛毛的黄月亮，也可以俯瞰全景；楼下有卖馄饨的摊子、花园、起士林咖啡馆，再远还有"百乐门"舞厅；客厅里装了壁炉，家具和地毯的样式，都是姑姑自己设计的。

她最喜欢窝在沙发里，舒舒服服地躺着，随便看点什么书。旁边是一盏落地灯，摩登而简约。

姑姑的这间公寓，是张爱玲的半个家，给了她久违的温暖。

其实姑姑的日子也不怎么好过，她丢了在洋行的工作，一下子没了收入，靠着房租来贴补日子。一个人的时候，她连三餐都很节俭，每天吃葱油饼，既省了做饭，又省了钱。

张爱玲搬进来以后，就跟着姑姑一日三餐地吃葱油饼，一来是她不会做饭，二来也是要省钱的缘故。她那时的经济状况并不乐观，虽然住在姑姑家里，但房租是要交的，伙食费也要自己出，她能省则省。

姑姑也看出了张爱玲的窘迫，托人给她找了份工作，给两个女中学生补课，多少有一些进项。

钱的问题倒是一时的，她更烦恼的是学业问题。

她和炎樱一起回了上海，炎樱顺利考进了上海圣约翰大学，可以继续完成中断的学业，而她似乎还前途未卜。

受炎樱的刺激，张爱玲也计划着转到圣约翰大学，拿到毕业证，但高昂的学费让她望而却步。这时候，弟弟张子静突然上门来了。

过去这几年，张廷重与黄素琼不相往来，姐弟俩也就一直没有机会见面。张爱玲同情过弟弟，同情里甚至掺杂了一丝可怜和愧疚，她始终记得弟弟被母亲拒绝，抱着一双球鞋回到张家的情形。后来，当她发觉黄素琼的母爱不过尔尔时，也就忘了张子静。

一个不幸的人，没有多余的善良去帮助另一个不幸者。

其实，张子静过得并没有姐姐想象中那么差，他顺利地考入了复旦大学中文系。战争爆发后，学校停课，迁往内地，张廷重舍不得让儿子远走，就让他领了转学证，在家里自学。

这次，他是兴冲冲上门来看望姐姐的。

时间在两人之间划下了鸿沟，昔日那个乖僻的天才少女，似乎越来越难以接近。即使是在一母同胞的亲弟弟面前，她也是那么陌生：她穿了一件样式独特的布旗袍，颜色鲜艳，大红颜色的底子，蓝的、白的花纹交错，看着眼花缭乱。衣服仿照西式的礼裙，长度只到膝盖，领子很矮，没有纽扣，留着漂亮的领结。

张子静觉得新奇不已，而这不过是张爱玲众多"新奇"里的九牛一毛。她淡淡地嘲笑："你真是少见多怪，在香港这种衣裳太普通了，我正嫌这样不够特别呢！"

她说起在香港求学的日子，对于不能如期毕业，仍然有些耿耿于怀。她的求学之路总是不太顺畅，入学时闹得人仰马翻，好不容易考上心仪的大学，又因为战争不能去，转读香港大学已经是委委屈屈的了，却没有拿到毕业证。

兜兜转转一圈，白耗费时间和财力，她难免有些不甘心。

张子静正打算转到圣约翰大学，继续未完成的学业，他看出姐姐的烦恼，极力劝说她一起考。张爱玲心动了，思来想去，觉得这是最好的办法，但学费怎么解决呢？

她自己手头没什么钱，连生活都快有问题了；黄素琼早就不管她的花销了；张廷重则和她断得干干净净，难道她要觍着脸上门，去伸手要钱？

姑姑不可能掏钱，但她很积极地给张爱玲出主意：去找张廷重要。

原来，当初张廷重和黄素琼离婚时商量得清清楚楚，张爱玲的教育费用由张家负责。不知道出于什么原因，在大学落魄艰难的张爱玲，始终没有向父亲开口。

这一次，张子静自告奋勇地要帮姐姐。他回到家，避开后母，对张廷重说了姐姐的困窘和诉求。

张廷重并非不疼爱女儿，但他不能原谅张爱玲的背叛。是的，在他看来，自己寄予厚望的女儿竟然一心向着前妻，这就是一种情感上的背叛。好在父女之情占了上风，他犹豫之后，还是同意了，说："你叫她来吧。"

这算是父亲的让步了，四年了，他是愿意和女儿握手言和的。

这时的张廷重，经济情况其实大不如前。日寇占领上海后，他离开了日本人开的住友银行，和两个同事一起开钱庄。因为挥霍成性，他把股本都透支光了，现在已住不起"走马楼"的老宅了，换了一座小得多的洋房。

此情此景，不知道张爱玲做何感想，怒其不争抑或漠不关心？

那天，孙用蕃没有露面，也许是厌恶再见这个继女，也许是知情识趣地留出空间。她大概没有想到，这一家三口并没有愉快地坐下来聊聊，也没有久别重逢的喜悦。

张爱玲的脸上始终没有笑容，她直白到有些失礼：我就是来要钱的，我不想和你再有任何情感上的牵扯。张廷重倒是出乎意料地平静，没有暴躁如雷地骂她，也没有为难她，痛快地给出了一句："学费我再叫你弟弟送去。"

　　整个过程不足十分钟。

　　很显然，张爱玲并没有和父亲讲和的意向。她不可能没有察觉到张廷重的示好和软化，但她没有回应，或许，那段被囚禁的记忆，对她伤害太深。

　　其实她的心里未必好受。老宅没有了，眼前这高低错落的小洋房是陌生的，什么都不复存在了，有的只是父亲身上衰败的气象。他是真的老了，从前动手打她的男人仿佛不是他，他只是顶着一副相同的面孔，在蓝天白云下，怔怔地看着她。

　　时间有时候走得很快，有时候又走得很慢，那些糟糕的记忆似乎并没有消失，依然顽固地赖在那里，时时刻刻提醒着当事人，事情仿佛发生在昨天。

　　至少，张爱玲还没有做好释怀的准备。

　　这是张爱玲与张廷重之间的最后一面，后来，她再也没有回过张家。父女一场，情分寥寥，当初以她婴孩的啼哭为开始，如今以她决绝的背影为结束。

　　假如时光倒流，张爱玲在转身离开的那一刻，会不会有片刻犹豫？她不知道，张廷重其实一直在背后看着她，通过各种报刊来关注女儿的创作。

在某种程度上，张廷重才是张爱玲最早的伯乐，并不断地加以培养，他爱张爱玲可能还要胜过爱张子静。她把家里那点事抖落得沸沸扬扬，天下皆知，人人都来嘲讽他躺在床上抽鸦片，笑话他治家无方……他都宽容地理解了，不曾跳出来叫板，也不曾找她理论。

可惜张爱玲不在乎了，她在满腔孤傲中书写着人间。

在小说《雷峰塔》里，杨露（原型黄素琼）对女儿说："我知道你爸爸伤了你的心，可是你知道我不一样。从你小时候，我就跟你讲道理。"而沈琵琶（原型张爱玲）只是想大喊：不！她内心的独白是：爸爸没伤过我的心，我从来没有爱过他。

是的，比起对黄素琼那股子求而不得的爱和恨，张爱玲对父亲更多的是漠然。为什么？就因为那一顿打？可是黄素琼留给她的伤害也不少。

其实，她对父亲是瞧不上的吧，因为从心底里她就划清了自己和父亲的界限。她渴望自己是母亲那样的人，是新的、西式的、充满希望的，她对活在过去的父亲，始终无法喜欢。

很多人都说张爱玲有恋父情结，但她恋的根本不是张廷重，而是一个文明的、儒雅的、知情识趣的中年男人，是一个幻想出来的"言子夜"。

小说《茉莉香片》里，那个一事无成而又懦弱的聂传庆，被公认是张子静的化身。她的厌恶和嫌弃不言而喻，对弟弟尚且如此，更遑论那个悲剧的源头张廷重。

那年秋天，张爱玲转入圣约翰大学文学系四年级，张子静也考入该校经济系，两人成了校友。不过，在转学考试时，张爱玲的国文居然不及格，校方要求她，入学后额外加一门国文补习课。张爱玲倒不在意，当笑话说给了弟弟听。

分开许多年，她和弟弟其实并不亲昵，但张子静似乎很依赖姐姐，常常来找她。

张爱玲没有太多的工夫来关注弟弟，她很快就成了圣约翰大学的名人，在学校里如鱼得水，风头无两。

她最引人注目的，是那一身独特的穿衣品味，造型独特的大衣、花样百出的旗袍、西式的洋装……走在校园里，谁都会多看她两眼。

她有一件很喜欢的旗袍，颜色是显目的鹅黄，裙摆缝着细长的流苏，走动时婀娜多姿，看起来就像梨园里的戏服。但张爱玲穿起来泰然自若，仿佛那只是再普通不过的裙子，惹来许多女生追问"她是谁？"

她还喜欢各种花里胡哨的色彩，有段时间尤其迷恋广东土布，那些淡红大花、玫瑰红纹、嫩黄绿叶……别人都觉得俗气透顶，她却觉得很特别，裁了做衣服，穿出去招摇过市。

还有一次，她的同学在家举办宴会，她也在受邀之列，穿了一身清朝样式的绣花袄裤出席，刚露面，就让所有人瞠目结舌。

唯一能理解她的大概就是炎樱。她们两人都醉心于服装，还曾经设想开个服装设计室，甚至还跑去报纸打广告："炎樱姊妹与张爱玲合办炎樱时装设计：大衣、旗袍、背心、袄裤、西式衣裙。电约时间：电话三八一三五，下午三时至八时。"

这桩业务究竟开展过没有，后人不得而知，但张爱玲招摇的穿衣风格，是深深地留在了圣约翰大学的校园里。

她从前对穿衣打扮并没有这些花里胡哨的想法，或许在香港大学的三年，被富家同学压制，现在稍稍有了条件，要立刻扬眉吐气地还回去。

在她的小说里，男男女女，也都有些精细处的打扮。她着迷于曹七巧发髻上一闪一闪的风凉针，长安从天庭到鬓角一路密密贴着的细小发圈，王娇蕊那身绿色的长袍和深粉红色的衬裙，顾曼璐染了手印的苹果绿旗袍……

这点癖好倒是让小说更接地气，市井人家，过日子可不都得盯着衣食？她那些光怪陆离的故事，有了花花绿绿的声色，才撩人，才动人。

或许，正是这种蓬勃的物欲结束了张爱玲的复学生涯，两个月后，她就从圣约翰大学辍学了。

原因很简单，也很直白，她没有钱。

在外人面前，她多少还想维系一点面子，遮遮掩掩，用略带鄙夷的语气嫌弃了几个教授。反正她成绩不差，端出在家自学的架势，总比让人看出辍学的寒酸要好。

就连在弟弟张子静面前，她也是若无其事地说，想读的科目没有开。

其实，她那会儿一门心思地想要自己挣钱。张廷重给了学费，但大学生活显然不是只有学费就足够的，饮食简单，穿着朴素，社交窘迫……她从前在香港大学熬过的苦，现在不愿意再挣扎一遍，她要扬眉吐气地过日子。

跟这种迫不及待的欲望比起来，毕业证书似乎也没有那么重要了。后来，她在小说里描画了很多女大学生，都是带着淡淡的自嘲，连正儿八经读完书、工作养家的顾曼桢，在富家小姐石翠芝的面前，也是要受到轻视的。她哪里不好呢，难道不如活得糊涂又任性的石小姐？但她的自食其力，仍敌不过身上的一件瓦灰衣裳，初次见面，就被男朋友的亲眷看不起。

在张爱玲看来，钱，才是一个女人最大的资本，读书只是锦上添花的事。她恨不得在书里赤裸裸地写：我就是要活得花里胡哨。

怎么才能挣钱呢？顶着一个没落的贵族小姐身份，拿着没有毕业的证书，张爱玲似乎只能去找个教书的工作。但是她不愿意，她性格内向，不喜欢和人打交道，面对一群活泼的孩子更是头疼。

张子静听了姐姐的各种打算，倒是对她很有信心，极力建议张爱玲去做报馆编辑，因为她九岁时就主动给报社写过投稿信。

"记者先生：我今年九岁，因为英文不够，所以还没有进学堂。现在先在家里补英文，明年大约可以考四年级了。前天我看见附刊编辑室的启事，我想起我在杭州的日记来，所以寄给你看看，不知你可嫌太长了不？我常常喜欢画画子，可是不像你们报上那天登的孙中山的儿子那一流的画子，是娃娃古装的人。喜欢填颜色，你如果要，我就寄给你看看。祝你快乐。"

信写得稚嫩而有趣，投出去以后，并没有收到回复，但家里人都赞不绝口。张子静牢牢记住了，他对姐姐有一种本能的信任，完全相信她能成为一名出色的编辑。

但张爱玲似乎早忘了这件童年小事，她随口敷衍弟弟："我替报馆写稿好。这阵子我写稿也赚了些稿费。"

谁也没有想到，她日后是真的靠写稿闯出了一片天。

卷三

初露锋芒

我不喜欢壮烈。我是喜欢悲壮,更喜欢苍凉。壮烈只有力,没有美,似乎缺少人性。悲壮则如大红大绿的配色,是一种强烈的对照。但它的刺激性还是大于启发性。苍凉之所以有更深长的回味,就因为它像葱绿配桃红,是一种参差的对照。

——《自己的文章》

　　回到上海不久，张爱玲就开始试着给《泰晤士报》写剧评和影评。

　　在学生时代，张爱玲最大的爱好不是读小说，而是看电影——上海那时候是东方之最，连日本的时髦人，都要在周末坐飞机来上海看好莱坞新片。

　　张廷重在家里订阅了许多杂志，其中不乏电影戏剧。受父亲影响，她对传统戏剧的兴趣也始终很大，京剧、评剧、绍兴戏，无一不好，她还曾经以戏剧《借银灯》为自己的散文命名。

　　除了《泰晤士报》，她还给当时上海极有影响的《二十世纪》英文月刊投稿，最有名的当属那篇《更衣记》，多达八页，还附上她自己手绘的十二幅女子发式、服饰插图。

　　这篇文章从中国人的服饰变革，谈到文化心理，无论文笔还是思想都极其成熟。

　　她出手不凡，让主编甚是惊讶，他不吝赞美之词，夸张爱玲是"极有前途的青年天才"。

　　张爱玲一向自诩为天才，但那只是小女生的自恋，如今得到别人的肯定，这给了她极大的鼓舞。此后，她一发而不可收，一年内共在该刊上发表了九篇文章，其中六篇是影评。

创作为张爱玲赚取了丰厚的稿酬，也为杂志带来了更多的读者。她开始了漫长而又煎熬的写作生涯，趴在桌子上，将她的过往一点点掏出来，一点点磨成文字。

张爱玲走的是经验写作的路子，她笔下的故事，来来回回，都是映射着身边的人和事。她选择卖文为生这条路，是偶然，也是必然，波折的生活给了她足够的素材。况且，以她的孤僻的性格，其他工作她未必能应付，而她当时急需用钱。

张爱玲仍旧与姑姑同住，两个单身女人的生活并不轻松。

姑姑照旧是坐吃山空，她和黄素琼一样，出国走了一趟，见了世面，却没有学到什么谋生的本事。要吃穿住行，要谈恋爱，要维持身份，还得变卖手头的古董和首饰。

为了贴补家用，张茂渊不得不出门工作，到德国人办的广播电台当播音员。她每天下班已是晚上，要一个人拎着小油灯，徒步走很长的路回家。

有天晚上，她不小心踩到了水坑，摔了一跤，把常用的那盏玫瑰红玻璃罩油灯摔碎了。她摇摇头，叹了一声："喝！"是心疼，也是无奈。

在这种情形下，张爱玲和姑姑是"亲姑侄，明算账"的。大到家居物件，小到一道甜品，账单都算得清清楚楚。

有一次，张爱玲不小心打碎了桌面上的一块玻璃，尽管她那时手头拮据，但为了不让姑姑说闲话，照样赔偿了六百元。还有一次，她急着去阳台收衣裳，不知道怎么回事，膝盖碰上玻璃门，竟然将玻璃门碰碎了。她膝盖受了伤，涂上红药水，"仿佛吃了大刀王五的一刀似的"。她让姑姑看伤口，姑姑弯下腰看了看，知道伤口不严重，注意力很快就转到玻璃上。张爱玲也不愿让她为难，没等她开口，就自己急急忙忙地去配了新的。

说到底，她没有和女性长辈相处的经历，和母亲是不欢而散，和姑姑在一起，也时刻警觉着。不肯多占一分便宜，不敢多索取一点关怀。她活得像一只刺猬，始终和人群保持距离，太远了，彼此觉得寒凉，太近了，彼此会受伤。

她富过，也穷过，因为钱和父亲母亲分别闹过不愉快，所以她把钱看得很重，也极力避免因为钱和姑姑发生冲突。她成名以后，经济宽裕了些，和姑姑的相处也就更融洽了些。

张爱玲最喜欢问姑姑家里的旧事，对于祖父张佩纶，她是抱着隐隐的好感的，尽管姑姑不大认同。但姑姑还是会讲，李家的显赫，张家的清贵，这些都成了日后张爱玲小说内容的一个来源。

姑姑其实也有些一针见血的伶俐和凉薄，毕竟是名门之女，又留过洋，根骨里多多少少和张爱玲相似。有个时期，张爱玲非常鼓励姑姑写点东西，因为她妙语连珠，不记下来可惜了。

但姑姑一口拒绝，说自己当不了作家，因为做惯了打电报的工作，习惯省字，"拿起稿费来太不上算了"。她自嘲之余，还不忘笑话文人们啰里啰唆的臭毛病，真是又俏皮又刻薄。

姑姑连周作人也敢调侃，有家报纸刊登了周作人翻译的日本诗："夏日之夜，有如苦竹，竹细节密，顷刻之间，随即天明。"张爱玲为之叫好，姑姑却不以为然，表示自己看不懂，还不忘夹枪带棒地评一句："既然这么出名，想必总有点什么东西罢？可是也说不定。一个人出名到某一个程度，就有权利胡说八道。"

这种有的放矢的幽默，张爱玲是没有的。她和姑姑相处得最久，两个人的聪明和凉薄如出一辙，但她比姑姑更冷更硬，少了自得其乐的风趣，少了一点糊涂劲。

比起张爱玲，姑姑似乎更懂得生活。

在寒冷的冬夜里，姑姑尤其怕冷，早早地就钻到床上，自己打趣自己：视睡如归。

听到朋友啰啰唆唆地讲废话，姑姑会忍不住叹气，因为觉得生命短暂，和这样的人打交道，简直是浪费时间。可是转念想想，她又觉得挣到了，因为和对方在一起，会觉得时间格外难熬，仿佛生命都变长了。

　　张爱玲能扬名上海，算起来，也有姑姑的功劳。得知侄女投稿不顺，她便把远方亲戚黄岳渊介绍给了张爱玲。

　　"不识黄园菊，枉为上海人。"黄岳渊是有名的园林艺术家，更重要的是，经常去黄园的宾客中，有一个叫周瘦鹃的人。那可是享誉中国文坛的作家，尤其擅长写缠绵的爱情作品，由他创办的杂志《紫罗兰》，在青年中大受欢迎。

　　因为某些原因，杂志停了一段时间，周瘦鹃当时正筹划《紫罗兰》的复刊。一个春寒料峭的上午，他正在家里休息，小女儿突然拿着一个大信封过来，说有一位张女士来访问。

　　那正是张爱玲。她拿着黄岳渊写的推荐信，主动来登门拜访了。那天，她穿着鹅黄缎的半臂旗袍，内心忐忑而不安。她来是想推销自己的两部中篇小说，之前她陆续给各杂志写影评，都是英文，最近开始试着用中文写作。

　　即使隔着年纪，他们仍然聊得很愉快。

　　在张爱玲眼里，周瘦鹃无疑是偶像，她第一次见到对方的作品，是在父亲的书房里，因为母亲和姑姑都是他的忠实读者。她曾经偷偷地翻阅，不管是《恨不相逢未嫁时》，还是《此恨绵绵无绝期》，那一篇又一篇伤感的爱情故事，在她不完整的童年里，也是一种无声的陪伴。

　　她还曾经为小说中人物的命运感到不公，给报纸写了一封长信，希望作者能改掉那个哀婉的结局。可惜周瘦鹃并没有收到信，但听她说起这些，他还是很开心。

周瘦鹃留下了那两篇小说。

一星期后，张爱玲再次上门，周瘦鹃很客气地问她，是否愿意将作品全部发在《紫罗兰》杂志上。

这对张爱玲来说，简直是意外之喜。她高兴得不知道如何是好，生性木讷的她甚至鼓起勇气，邀约周瘦鹃方便时来家里喝茶。

那两本小说就是《沉香屑》系列，一经问世，立刻引来轰动，在上海滩疯狂地火了大半年。

张爱玲很快成为文坛瞩目的新星，《万象》杂志的主编柯灵也留意到了，他一心想签下这个作者。让他万万没有想到的是，张爱玲竟然主动出现在杂志社，穿着一身旗袍，带着一卷刚刚完成的手稿。

这一幕给柯灵留下了深刻的印象。

张爱玲是适合旗袍的，不管什么花色和样式，减了几分妖娆，多了几分孤傲，那份风情是谁也模拟不来的。她不像那些花，姹紫嫣红或者天真烂漫，她是瘦骨嶙峋的枝干，秋风之后，孤零零地守在那里，满身风骨，对影自怜。

她新写的作品是《心经》，一个女孩子和父亲的不伦之恋，依然是浓浓的悲剧色彩。这时候，她的语言风格已经初步形成，喜欢用旧章回小说的口气，加上一些现代主义的风派，刻薄地讥诮着日常生活，用华丽的形容词描画浮生无奈。

柯灵立刻就被她的作品迷住了，他迫不及待地向张爱玲发出下一部作品的约稿。

张爱玲爽快地应允下来。没多久，《心经》《琉璃瓦》《连环套》等作品开始在柯灵的精心策划下陆续推出，一次次以令人瞩目的苍凉和华丽点燃文坛，甚至惊动了整个上海滩。

她早就说过，"出名要趁早"，口气张狂而满足。

怀才和怀孕一样，时间到了，自然就生出些什么。否则，期待和幻想拖得太久，最后就变馊了，要不怎么说穷酸秀才呢？只有铆足了劲，混得像模像样，才有一日看尽长安花的扬眉吐气。

成名后的张爱玲保持着无比高涨的创作热情，与此相应的，是接踵而至的光环与热捧。上海的杂志以刊发张爱玲的作品为时尚，大有洛阳纸贵的架势，许多名作家、学者都注意到了这个新人。后来美籍华裔学者夏志清不遗余力地称赞张爱玲："是今日中国最优秀最重要的作家。仅以短篇小说而论，她的成就堪与英美现代女文豪如曼斯菲尔德（Katherine Mansfield）、泡特（Katherine Ann Porter）、韦尔蒂（Eudora Welty）、麦克勒斯（Carson McCullers）之流相比，有些地方，她恐怕还要高明一筹。"

　　真正让张爱玲风头无两的是《茉莉香片》，它发表在刊物《杂志》上，很快成为当时最流行的短篇小说，大家都对聂传庆和言丹朱的故事津津乐道。

　　小说的成功得益于张爱玲的实力，也离不开《杂志》的功劳。都说这家刊物有汉奸背景，不知道张爱玲是怎么联系上的，但不可否认的是，强大的政治背景让这部小说锦上添花，几乎到了家喻户晓的地步。

　　张爱玲一跃登上灿烂的高峰，红遍上海。

卷四

亦敌亦友

我平常看人，很容易把人家看扁了，扁的小纸人，放在书里比较便利。"看扁了"，不一定是发现人家的短处，不过是将立体化为平面的意思，就像一枝花的黑影在粉墙上，已经画好了在那里，只等用墨笔勾一勾。因为是写小说的人，我想这是我的本分，把人生的来龙去脉看得很清楚。如果原先有憎恶的心，看明白之后，也只有哀矜。

——《我看苏青》

女人之间的友谊是很脆弱的，尤其是女作家之间。据说，冰心也曾暗暗写文章嘲讽过林徽因，而女神也并不客气，回了她一坛子山西陈醋。

张爱玲更不客气，文坛中那些小有名气的女作家，通通不在她眼里。但她肯在苏青面前低头："只有和苏青相提并论我是甘心情愿的。"

话虽然傲气，却足以证明她是真心实意地交这个朋友。

苏青比张爱玲出道还要早。

她原本也是书香门第的娇小姐，祖父做过杭州副参议长，父亲是留美学生，曾在上海的银行里做过经理。她从小接受西式教育，成绩出众，写作上也很冒尖，被同学誉为"天才的文艺女神"。

这听起来苏青似乎比张爱玲幸运得多，同样是天才少女，她至少有个上进靠谱的家庭。但她家败落得很快，又不如张家家底丰厚，连当纨绔子弟的机会都没有，只好早早地嫁人。她嫁的也是情投意合的同学，不是什么封建婚姻，但依然过得不幸福，生了女儿，备受欺辱。

可见，当女朋友和当老婆是两回事。当初苏青和丈夫同台演出《罗密欧与朱丽叶》，郎情妾意；如今生了孩子，伸手向他讨要生活费，对方却甩过来一记耳光，说："你也是知识分子，可以自己去赚钱啊！"

这一记耳光，让苏青走上了女作家之路。

她把自己结婚、婚变、育儿、求职的真实经历写成小说《结婚十年》，引起了轰动，创下连续印刷三十六版的惊人纪录。

小说相当写实，有人认为这是"色情"文学，还有人干脆就称她为"文妓"。苏青浑然不在意，公然放话说："饮食男，女人之大欲存焉。"

圣人古训"饮食男女，人之大欲存焉"，她只改动了一处断句，就变成了赤裸裸的"新女性宣言"。

这种脾性，很对张爱玲的胃口。

苏青与张爱玲的相识，源于一本叫《天地》的杂志。

杂志是苏青一手创办的，她的发刊词，就是她的野心："天地之大，固无物不可谈者，只要你谈得有味道耳。"她到处搜罗作者，连当时大名鼎鼎的周作人都被收入麾下，张爱玲在文坛惊艳亮相，她怎么可能不留意？

苏青给张爱玲写邀请信，一上来就说"叨在同性"，看得张爱玲直笑。

《天地》杂志的第二期刊登出了张爱玲的小说《封锁》，引来各方关注。

一辆封闭的电车上，一对萍水相逢的男女，做了一场虚假的艳遇之梦。

这似乎是个悲伤的隐喻。张爱玲绝对没有想到，正是这篇小说，给她带来了一场美丽而无果的爱情，而她的媒人正是苏青。当然，那都是后话了。

从这以后，《天地》杂志几乎每一期都有张爱玲的作品，《公寓生活记趣》《烬余录》《谈女人》《私语》《中国人的宗教》《道路以目》《谈跳舞》等，有不少是张爱玲的名篇。

女人容易轻看女人，但同样也非常会彼此抬举。

苏青对张爱玲算得上客气，都是靠自己的一支笔打拼出来的，她懂得对方的出色与难得。她曾经公然给张爱玲写评语："我读张爱玲的作品，觉得自有一种魅力，非急切地吞读下去不可。读下去像听凄幽的音乐，即使是片段也会感动起来……"

张爱玲自然是投桃报李，除了给文章，还经常为《天地》手绘插图。她甚至亲自为《天地》设计了新封面：辽阔的天空，淡淡的云，一名女子的侧脸，淡而雅，清而丽。

要知道，在她跟前，弟弟张子静也不过就是这个待遇。

张子静曾经和校友一起创办文学刊物，为了提高刊物的知名度，他在大家的鼓励下去向姐姐约稿。但张爱玲不相信这帮年轻小子，一口拒绝了："你们办的这种不出名的刊物，我不能给你们写稿，败坏自己的名誉。"为了安抚弟弟，她就从自己的插画里挑了一张，给弟弟的新刊物当封面。

除了工作，张爱玲和苏青私下也常常来往。

苏青去定做黑呢大衣，张爱玲和炎樱是要陪着的，给她做参谋："把大衣上的翻领首先去掉""方形的大口袋也去掉，肩头过度的垫高也减掉""前面的一排大纽扣也要去掉"……苏青一面相信她的品位，一面又有自己的坚持："我想……纽扣总要的罢？人家都有的！没有，好像有点滑稽。"

张爱玲在旁边笑了，称赞她这一身，在灯光下让人想起"乱世佳人"。

美丽而身不由己，聪明而步履维艰，深情而遇人不淑。

她和苏青很像，都是"乱世佳人"。她和苏青又不像，她一路披荆斩棘，内里已经是几度春秋，什么都是明明白白的；而苏青，是揣着明白装糊涂。

苏青被迫走了一条独立的路，但她并不喜欢这种家里连一颗钉子都是她掏钱买的感觉。

有一次，张爱玲告诉苏青，空袭发生后，家里一个女佣的丈夫，急急忙忙地跑回来，慰问老婆孩子。那是一个不成器的裁缝，一个再普通不过的男人。苏青却格外羡慕。她对张爱玲说过，自己理想的生活，就是要有一个具备男子气概的丈夫。

张爱玲这才发现，苏青内心还有着小女人的绮梦，当然也有些小女人的琐碎和脾气。有时候她们一起参加活动，如果有谁对苏青的发言提问，苏青立刻就敏感起来，怀疑对方针对自己，气得涨红了脸，反问对方："我又不是同你对谈——要你说我做什么？"

大家哄然大笑，张爱玲也笑，她觉得这样的苏青格外可爱。

能够在彼此面前露出坏脾性，在女性之间，确实是感情深厚的表现。苏青曾经问张爱玲："怎么你小说里从来没有一个人像我的？我一直留心着，总找不到。"

后来张爱玲索性写了一篇《我看苏青》，不遗余力地称赞对方："低估了苏青的文章的价值，就是低估了现地的文化水准。如果必须把女作者特别分作一栏来评论的话，那么，把我同冰心白薇她们来比较，我实在不能引以为荣，只有和苏青相提并论我是甘心情愿的。"

在写作上，她们相互影响着。这种影响，不是白居易和元稹的相互唱和，而是两位女性相熟以后，在穿衣打扮上的相互认同。

张爱玲喜欢和苏青聊天，常常恋恋不舍，有点取暖的意思，因为对方比她更热闹。有时候聊到尽兴处，她会建议苏青把内容写到文章里。苏青起初不肯，犹疑道："这个怎么可以写呢？"后来就越来越信服张爱玲，每次的聊天内容，隔不了多少天，就会出现在苏青新发表的文章里。

这常常让张爱玲有荣幸之感，她觉得是自己劝说有功。

在这段友谊里，还有另一个小小的插曲——潘柳黛。

潘柳黛也是女作家，笔名南宫夫人，成名在张爱玲之前，两人通过苏青认识，一度比较亲近。

相识之前，潘柳黛并不知道张爱玲喜好奇装异服；相识以后，她才见识到张爱玲"招摇过市"的魅力。张爱玲曾经穿着自己做的新衣服，去印刷厂校稿，整个印刷厂都被惊动了，所有工人都好奇地盯着她，因为没有见过这么奇特的服装。

还有一次，张爱玲去苏青家拜访，让整条街都热闹了起来。她走在前面，后面就追满了看稀奇的小孩子，一面追，一面叫。

她骨子里很有几分孤芳自赏，潘柳黛似乎无法理解。

有一次，张爱玲忽然问潘柳黛："你找得到你祖母的衣裳找不到？"潘柳黛被问得一头雾水，祖母的衣裳找出来有什么用呢？古老得像寿衣似的。张爱玲却鼓励她穿那些老衣裳："那有什么关系，别致。"

看得出来，不同的审美背后是不同的处事风格，她们之间其实是有隔膜的。潘柳黛曾在文章中写过一件事，那次，她和苏青约好去看张爱玲，到了公寓，张爱玲穿着华美的礼服，戴满首饰，打扮得非常精细，俨然是一副要出门的行头。潘柳黛和苏青都很意外，以为张爱玲有别的约会，而她们俩衣着随便，并不适合见外客。潘柳黛自以为识趣地说："既然你有朋友要来，我们就走了，改日再来也是一样。"张爱玲却慢条斯理地道："我的朋友已经来了，就是你们两人呀！"

原来，她盛装打扮就是为了这两位朋友，而潘柳黛并不能领情，她觉得自己被耍了，感到更窘，好像一点礼貌也不懂的野人一样。她质疑张爱玲时刻"抢风头"，对她那种种标新立异既鄙视又羡慕。

女人之间就是这样，一个眼神，一件衣服，都能惹来诸多猜忌。

当然，这些都是借口，每段关系的破裂，深层的原因都是不喜欢。性格、外貌、喜好……因为不喜欢，这些都成了罪过。

潘柳黛最不喜欢的，是张爱玲的名声在她之上。

其实，名声都是靠自己用笔杆子挣来的，羡慕不来。她出道早又怎么样，不照样输给苏青？她怎么不忌妒苏青呢？说白了，不过是看张爱玲赤手空拳闯出了一片天地，而苏青，人人都传说她傍上了政治势力，潘柳黛不敢惹而已。

苏青因为看不惯潘柳黛的做派，曾当着友人的面取笑她："你眉既不黛，腰又不柳，为何叫柳黛呢？"这话说得刻薄，潘柳黛却不敢反唇相讥。

据潘柳黛自己说，她是因为写讥讽文章，引来了张爱玲的疑心，两人才渐渐疏远。张爱玲从没有回应过，后来她从内地到香港，有人对她说潘柳黛也在香港，她余怒未消，反问道："潘柳黛是谁？我不认识她！"

毫无芥蒂地亲近，毫不客气地翻脸，她就是这样的人。

倾世之才，倾城之恋

张 | 爱 | 玲 | 传

故事讲到姻缘。

佛说，汝爱我心，我怜汝色，以是因缘。

郁金是最有佛性的香。它花枝细长，婀娜动人，就像世上皮囊美艳的女子，但只有懂得的人才知道，它的根茎才更难得，虽然貌不惊人，却是酿酒、制香、染色、入药的良品。

郁金最初产自印度，当地人浴佛时，贡品五香中，一定有郁金香；而贡品五色土、五色水中，黄色的染料就来自郁金。

香本无心人多心，色不相迷人自迷。

第五炉香

郁金香

卷一

倾城之恋

　　晚饭后她洗完了碗回到客室的时候，他迎上来吻她，她直溜下去跪在他跟前抱着他的腿，脸贴在他腿上。他有点窘，笑着双手拉她起来，就势把她高举在空中，笑道："崇拜自己的老婆——！"

——《小团圆》

张爱玲曾经说，她是一棵树，在胡兰成的窗户前长着，沐浴着楼窗的灯光，也影影绰绰地开出小花，但是只能在窗外窥视他，无法接近。

为什么是胡兰成呢？这个声名狼藉的男人，这个风流多情的男人。

胡兰成，原名蕊生，论出身，他和张爱玲差得太远，只是个长在乡下的穷孩子；论学历，他连中学都没有念完，侥幸当了邮务局的邮务员，没多久就被开除了；论名声，他投靠汪伪政府，混得一官半职，虽说风生水起，到底是让人唾骂的汉奸行径。

万丈红尘里，偏偏就是他。

他和张爱玲的相识，源自那一篇小说《封锁》。

那时，胡兰成正在南京的家中休养。有一天，他收到苏青寄来的《天地》杂志，随手翻了翻，一眼就看到了《封锁》，作者栏的署名是张爱玲。

都说内行看门道，胡兰成到底是个书生，才粗粗看了文章，立刻就感受到张爱玲的不同凡响。他不自觉地坐直身体，仔仔细细地又把文章读了一遍，又读第二遍，心里大受震动。不久，有朋友上门来，他极力推荐这篇文章，对方也连连称好。

胡兰成并不知道作者是男是女，就起了结交的心思。他忍不住写信问苏青，张爱玲是何人。

苏青回信说是一位女子。

文人相轻，也相亲，一个自诩为才子的男人，只要不是太低劣，对同行多少都有渴慕之情。如果这位才华横溢的同行是个女性，就更妙了，因为征服这一个人，便等同于既征服了同行，又征服了女性。

胡兰成是个中高手，自此，他就盯上了张爱玲。这时，新一期的《天地》出来了，照旧有张爱玲的散文，还破天荒地登了一张她的照片。

这照片，是张爱玲本人也很满意的一张，长发微蓬，姿态娴雅。胡兰成见了，心里踏实了，才华是女人最好的化妆品，如果这个女人本来生得不差，那化妆品的功效自然事半功倍。他自己说自己发了痴，"一回又一回傻里傻气的高兴"。

张爱玲从苏青那里听过胡兰成的名字，自然也知道他的欣赏，心里很有些得意。这似乎是女人固有的通病，得到男性的欣赏，往往喜欢把它当作一种有魅力的证明。

她不无得意地对炎樱提起这件事，言语间像是在讲一个笑话，又像是姐妹之间的炫耀。但她没有想到，胡兰成竟然会找上门来。

地址，是苏青给出去的。

苏青和胡兰成本先相识，她很推崇这个风流才子。不得不说，胡兰成极有女人缘，也极有才学，万花丛中过，总能惹来故事。他被汪精卫拘捕时，苏青为了营救他，曾经拉着张爱玲去周佛海家里说情。

那时候，张爱玲和胡兰成互不认识。不过短短数月的时间，他已经为这个名作家所倾倒，特意动身到上海，找苏青帮忙，要以一个热心读者的身份去见张爱玲。

苏青犹豫着说，张爱玲不见人的。

胡兰成不肯罢休，执意要登门拜访。苏青想了想，最后还是给了他地址。

第二天，胡兰成就去拜访张爱玲了。

他穿着长袍，彬彬有礼，出现在赫德路张爱玲公寓的门外。张爱玲并不轻易见客，姑姑只当他是普通的读者，一如既往地拒绝了。

胡兰成吃了闭门羹，但又不甘心就这么走了，便拿出纸笔，写了一张字条。字条上是他的名字和电话号码，从传信口递到姑姑手上，再递到张爱玲面前。

未见其人，先闻其名，张爱玲对胡兰成何尝不是如此？她当然知道他，众人口里一个身份暧昧的才子，但她真的要见他吗，从陌生到相交？

她一时拿不定主意了。

　　姑姑想得更多，她对这个背景复杂的读者心存忌惮，既不想让他进门，怕惹来麻烦，又担心他因此不满，找人来报复。

　　张爱玲犹豫不决，不过，这份犹豫没有持续多久，她很快就决定上门拜访胡兰成。

　　胡兰成的家与张爱玲的公寓相距不远，那里住着他的第二任太太。当然，那时候的张爱玲并不知情，她穿着一身短旗袍和咖啡色的呢子长大衣，前来拜访。

　　很多人都疑惑，为什么张爱玲会"屈尊降贵"，主动去见胡兰成？那时候她很少见客，连弟弟张子静上门，都不见得能碰面，她竟然会出门见客？

　　没有为什么，或许她仅仅是好奇。

　　胡兰成见到张爱玲，大为惊异："我一见张爱玲的人，只觉与我所想的全不对。她进来客厅里，似乎她的人太大，坐在那里，又幼稚可怜相，待说她是个女学生，又连女学生的成熟亦没有。"

　　她没有惊人的美貌，甚至连那张照片上的姿色也没有，但她本人实在是气质卓绝。既没有小女孩的青涩，也没有成熟女性的性感或妖娆，她就静静地坐在那里，让人无法忽略她的存在。

　　胡兰成以风流名士自居，见过的女人多，随处留情的事也多。他很快忽略了张爱玲美色上的不足，进而意识到，这个女人和任何人都不同，他没见过。

　　她的出现，把胡兰成过去对女性的审美，完全给打乱了："我常时以为很懂得了什么叫惊艳，遇到真事，却艳亦不是那艳法，惊亦不是那惊法。"

　　片刻之间，他完全被迷倒，甚至觉得自家的客厅配不上她。

　　这时候，他内心是得意而不安的。得意的是，他认识了这样独一无二的女人，而且他有信心让她爱上自己；不安的是，他从乡间底层挣扎上来，对张爱玲身上的"贵族气"很敏感。

　　他后来在文章里写，"我竟是要和爱玲斗"。于是他几乎掏空了自己，侃侃而谈，把当时的流行作品都批了一遍。

　　这一谈，就是五个小时。

　　话终于说够了，张爱玲要走，胡兰成送她到弄堂口。长长的巷子里，两人并肩而行，胡兰成竟然脱口而出："你的身材这样高，这怎么可以？"

　　这分明是情人间的亲昵话，对刚刚认识的两人来说，是有点不合时宜的冒犯。张爱玲几乎立刻要反感，但她什么也没说，算是默认了。

　　这不是第一次。

在聊天过程中，胡兰成还直白地问起了张爱玲的写稿收入。这也是不礼貌的，但张爱玲并没有露出生气的神色，老实地答了。

或许，这是一个又一个狡猾的试探，而张爱玲的反应，给了他想要的答案。

一个女人肯纵容一个男人，那她必然是不讨厌他的。

就是凭着这份不讨厌，胡兰成第二天便再次登门了。

这次会面是在张爱玲的房间里。家具简单，陈设优雅，颜色又鲜亮又刺激。"阳台外是全上海在天际云影日色里，底下电车当当的来去。"

张爱玲穿了套宝蓝色的绸袄裤，戴了嫩黄边框的眼镜，一张脸丰盈如月。

他在她面前莫名其妙地胆怯，如同刘备见了孙夫人，兵器满屋，不怒自威。

那是春风十里扬州路的愧，是山重水复疑无路的忧，是江州司马青衫湿的懂，是墙头马上遥相顾的慌。

他说："我去过好些讲究的地方，都不及这里。"

那是慌不择路的甜言蜜语，是花枝招展的讨好，是脱口而出的卖弄，是目成心许的惊艳。

张爱玲听得真真切切。其实，房间是黄素琼出国前布置的，张爱玲自己喜欢更刺激些的颜色，比如火红、橙黄、湛蓝，连小时候画画，也最爱用橙色做背景。

当时她全然收下了他拙劣的夸奖，说如果是她自己来布置的话，可能还要更好些。

这一次，他们依然聊了许久，胡兰成讲，而张爱玲静静地听。

胡兰成离开后，姑姑便笑张爱玲，好似无意地说了一句："他的眼睛倒是非常亮。"她太知道自己的侄女了，能聊这么久，对方不是一般人。

姑姑到底老辣许多，曾当着面打趣胡兰成，问他太太有没有一起来。

这番打探简直是投石问路，惹得胡兰成笑了起来。张爱玲也笑，她心里清楚，这个年纪的男人怎么可能没结婚。但她不在乎，有母亲和姑姑的例子在前，婚姻也不一定是什么好东西，她只是难得地对一个男人有了兴趣。况且那个年头，离婚并不是什么要紧的事，反而是风流韵事。

时至今日，许多人仍然不懂，张爱玲怎么偏偏看中了胡兰成。两次会面，他屡屡有冒犯的意思，她都纵容了；他天花乱坠地卖弄，她竟然不觉得浅薄。

为什么会爱上呢？或许，就像她在短文《爱》当中所写的："于千万人之中遇见你所要遇见的人，于千万年之中，时间的无涯的荒野里，没有早一步，也没有晚一步，刚巧赶上了……"

爱是占了天时地利的迷信。

纵观张爱玲身边的男性，年幼时，身边来来回回的无非是父亲、舅舅、弟弟，都是一针一线绣出来的精美，内里是空的、旧的、腐朽的。少女求学时，好不容易出去见了世面，因为经济窘迫，也因为环境乍变，面对那些阔绰的男同学或者博学的老师，她自卑敏感还来不及，一心想着奖学金，哪里有心思怀春？如今一朝成名了，经济可以做主，爱情可以做主，胡兰成就头一个撞上来了。

他有几分才学，两人能聊得上，又是吃过苦的人，深谙人情世故，与张爱玲截然不同。他自己摸爬滚打悟出了一套人生经验，这让张爱玲感到新奇而崇拜。

那天回家以后，胡兰成就给张爱玲写了一封信，表达倾慕之情。这信写成了他平素所鄙视的"五四"新诗，连他自己都觉幼稚可笑。

张爱玲收到信后，也不免诧异。信里，胡兰成还说到张爱玲很谦逊。对这个恭维，张爱玲感到很受用，回了信，说胡"因为懂得，所以慈悲"。

多么有情味的话。

爱情，不就是两个人惺惺相惜吗?

从这以后，胡兰成往赫德路公寓越走越勤，每隔一天必去看一趟张爱玲，坐在那个颜色刺激的小房间里，喝红茶、吃点心、谈文艺。

张爱玲不仅没有拒绝，反而对这种拜访变得期待起来。连炎樱来约她看电影，也要等胡兰成来过以后再去，或者索性三人一起去。

如此三四回，姑姑开始不安，她找张爱玲深谈了一回。

如果要谈恋爱，找什么人不可以呢?胡兰成有了家室，更重要的是，他在为日本人做事，她一个清清白白的大小姐，还是敬而远之的好。

姑姑的话有道理，张爱玲思来想去，给胡兰成送去了一张字条，字条上只有几个字，叫胡兰成不要再去看她。

胡兰成不知原因，但他交往过许多女人，只当这是爱情里甜蜜的小伎俩。他是一个浪漫的浪子，享受着女人们因他而起的纠结、别扭、迷恋和沉沦。

他还是照常去了张爱玲那里。张爱玲本就陷在纠结之中，开了门，见了胡兰成，欢喜又涌了上来。

此后，胡兰成天天都去公寓，两人的关系几乎公开了。姑姑也只能皱着眉，轻哂道:"天天来——!"

但是，爱情是抵挡不住的。

卷二

低到尘埃

　　他讲几句话又心不在焉的别过头来吻她一下，像只小兽在溪边顾盼着，时而低下头去啜口水。

　　砖红的窗帘被风吸在金色横条铁栅上，一棱一棱，是个扯满了的红帆。壁上一面大圆镜子像个月洞门。夕阳在镜子上照出两小条五彩的虹影。他们静静的望着它，几乎有点恐惧。

——《小团圆》

　　"胡兰成张爱玲签订终身，结为夫妇，愿使岁月静好，现世安稳。"

　　这张婚书，前两句是张爱玲的手笔，后两句是胡兰成添的。

　　男人与女人原来有这么大的不同。女人结婚，就像下凡的仙女，做好了柴米油盐的准备；而男人结婚，更像征战疆土的将领，得了陇，再望蜀，巴不得妖娆的红玫瑰进了门，还能有娇滴滴的白玫瑰。

　　她曾经写过无数让人注目的传奇，写到他，是最老实和最朴素的字眼。可见，再怎么不俗的女人，在爱情里也安分，可是他不同，依然还有花里胡哨的卖弄。

　　这门婚事，家里的亲戚都是不同意的。

　　张爱玲的舅舅也不上门，在家里抽着大烟，和舅妈毫不客气地骂胡兰成。张子静听到风声，倒是跑来问询，诧异的眼睛瞪得又大又圆，但张爱玲怎么会听弟弟的呢？况且他们并不知道，这个婚结得并不容易。

　　胡兰成一直是有太太的，甚至有许多相好。他在张爱玲的公寓来来往往，却始终不提婚姻的事，张爱玲也不过问。

　　他的发妻是同乡的唐玉凤。新婚之夜，揭开那块红色的盖头，胡兰成对那张毫不出色的脸失望至极。那时受五四运动的影响，女学生都穿白衫黑裙，作风新派，他对大字不识几个的唐玉凤根本不喜欢。

有一次，唐玉凤去学校里看胡兰成，他嫌弃她的老土，不敢高声张扬。但就是这样一个传统的乡村姑娘，为他生儿育女，为他操持家务，从来不过问他外面的拈花惹草，甚至在临终前说："我死后亦护佑你的。"

胡兰成身边的女人换了一个又一个，他说："我的妻至终是玉凤，至今想起来，亦只有对玉凤的事想也想不完。"

不，他爱的不是这个女人，他最爱的还是自己。

陷入爱情里的张爱玲并不能分辨，或者她是知道的，为难着，犹豫着，走一步看一步。她就像她自己笔下的女主角，夹缠不清。

每次胡兰成走后，都要留下一烟灰盘的烟蒂，张爱玲便把烟蒂都收集起来，装在一个旧信封里。下回胡兰成再来，张爱玲就拿给他看，他便会心一笑。

他们聊起初次相识时，那张刊登在《天地》上的照片，胡兰成表示很喜欢。那是她特意到一个德国摄影师那里照的，非常贵，所以只印了一张，阴影里露出一张脸，像油画。张爱玲把照片送给了他，背面是她写的一行字："见了他，她变得很低很低，低到尘埃里，但她心里是欢喜的，从尘埃里开出花来。"

你看，她心里是清楚的，她一直是那个聪明而冷静的姑娘，但她太需要这份感情了。他们把彼此看得透透的，他们什么都聊：她的工作、他从前喜欢过的女孩、他的朋友、她新写的文章……

张爱玲对胡兰成，是毫无保留地过招。每天晚上胡兰成走后，她都非常累，那是精神上的累。胡兰成就是她最好的对手，她要耗费全部的自己，让他看清，又让他喜欢，还要让他觉得自己的喜欢值得和匹配。

姑姑始终有些芥蒂，她甚至从来不留胡兰成吃饭。

张爱玲是不下厨的，饭一向由姑姑来做，账单由两人分摊。为了避免麻烦，张爱玲便不留胡兰成吃饭，可他毕竟顶着情人的身份，每每上门，总要待到晚上七八点钟，再饿着肚子回去，也是一件尴尬事。再加上姑姑的态度微妙，在她的眼皮底下，两人做什么都有些拘束。

细细想来，他们在一起，其实真正舒心惬意的时候很少，但爱情的甜蜜到底盖过了这些尴尬。她也不过是最俗气的痴男怨女，为着一点甜，便忍着满地的鸡毛蒜皮。

她相信这个男人是真心爱她的，在很多细微处。比如，他灭掉手上的烟蒂，走过来跟她调笑；比如，他从背后抱她，两条胳膊紧紧地箍着，热烈而有力量；比如，他开口让她摘下自己的眼镜，然后低头亲吻她……

张爱玲始终觉得，眼镜仿佛一层隔膜，如果肯在一个人面前拿下眼镜，那必定表示他是全然信任这个人的。

这天以后，胡兰成第一次对张爱玲提到结婚。

仍然是在张爱玲的公寓，胡兰成喝了酒，没头没脑地问她："我们永远在一起好不好？"

在昏黄的灯下，张爱玲微微一笑："你喝醉了。"

她一直没有提结婚的事，从前或许是等着胡兰成先开口。她是多么骄傲的人，他是有了妻室的人，让她主动求一个名分，形同折辱。现在呢，又多了一些顾虑，谁知道战后的局势会怎样？

胡兰成明明知道，但他何尝不是在逼着张爱玲表态？他抓过张爱玲的手，又说了一遍："我们永远在一起好吗？"

张爱玲问："你太太呢？"

这下，胡兰成不假思索地说："我可以离婚。"

姑姑说："当然你知道，在婚姻上你跟他情形不同。"她这时并没有立刻答应，但她不能不受震动，在一个女人看来，男人的求婚就像是最高级的赞美和肯定。

大概有一两个星期，胡兰成没有再上门。连姑姑也发觉了，提醒她，"好些天没来了"。

她们谁也摸不清胡兰成是什么打算，要就此断了抑或只是求婚受

挫？张爱玲倒没有想象中难过，迷惘中夹杂着一丝轻快：这件事，该就
这么圆满结束了吧？

但胡兰成很快又上门了。他带来了几本日本版画，仿佛什么事都
没发生似的，和从前一样，与她闲聊，翻看画册。

她那天穿着旗袍，颜色是孔雀蓝，衬得整个人清幽消瘦。胡兰成
的目光落在她的手腕上，她下意识地说："其实我平常不是这么瘦。"

他略怔了怔，方道："是为了我吗？"

她红了脸低下头去。为伊消得人憔悴，情爱如蛊，谁能免俗？

胡兰成不见得有多爱她，张爱玲明明知道，但她也知道，他对自
己是好的，用了心的。

张爱玲一直对稿费斤斤计较，她爱钱是出了名的，客人上门基本
不留吃饭，偶尔买些甜点放在冰箱里招待相熟的客人。因为她总想多挣
点钱还给黄素琼，当初母亲为她上学花了许多钱，没少抱怨，她绝不肯
欠着这份情。

胡兰成记在心里。他回了一趟南京，初夏再来上海的时候，拎着
个箱子来找张爱玲。她打开一看，满箱子的钞票。

张爱玲把箱子拿去给姑姑看，说是胡兰成拿来给她还母亲的钱。

姑姑只是笑道："他倒是会弄钱。"

她并不反感花男人的钱，相反，她很喜欢花胡兰成的钱，不是

让他买东西，而是实打实的现银。她觉得开心，这和自己挣钱的开心不一样，她说，能够爱一个人爱到问他拿零花钱的程度，是最严格的试验。

张爱玲其实是个很没有安全感的人，她不缺钱，她缺爱，胡兰成偏偏最会拿捏女人的心思，他愿意哄着她。

一九四四年一月，张爱玲在《万象》连载了长篇小说《连环套》。这个故事来自炎樱的朋友，情节曲折，依然是熟悉的华丽和苍凉，她做了一些新的尝试，改用章回小说的语言来写现代故事，效果却不怎么理想。五月，一个名为"迅雨"的作者写了一篇名为《论张爱玲的小说》的文章在《万象》上发表了，文章直指张爱玲，批评她的这部新作品"逃不过刚下地就夭折的命运"。

文章一出，立刻引来轩然大波，因为对方的言辞实在是不客气，他甚至犀利地警告张爱玲，不要太醉心于玩弄技巧，用旧小说笔法，如同玩火，弄不好会把自己的才华给烧掉了。

对张爱玲来说，这无异于当头冷水。

她当时并不知道，这个署名"迅雨"的人就是文坛大家傅雷。据说，大受打击的她怨上了《万象》杂志，明明在连载她的小说，怎么能同时刊登这篇批评稿呢？她不仅写文章辩白，还赌气似的立刻出版小说集《传奇》，以此证明自己的才华。

面对这种情形，胡兰成毫不动摇地选择支持张爱玲。他同样选择在报刊上发表文章，一篇《评张爱玲》，高调吹捧张爱玲，并为她摇旗呐喊。

胡兰成很"识货"，他当然知道张爱玲的短板。但他也清楚地知道张爱玲的优势，她是以人为本位写作，探究作为个体的人，不幸命运的根源，诉说平凡人寻求安稳的愿望。

他的评价相当高，又极为精准，纵使天花乱坠，但句句都在点上，怎么能不叫人开心呢？至少，能说明他是懂她的。

这个举动大大地取悦了张爱玲。

张爱玲草草中断了《连环套》的写作，也没有把它放入任何一本作品集，她或许也察觉到了自己的不足。事实上，她的创作激情和创作高峰都已过去，随之而来的是瓶颈，但她并没有意识到，而是沉溺于恋情。

得知张爱玲要和胡兰成结婚，炎樱惊讶极了。她露出三分恐惧的笑容，后来才气愤地说："第一个突破你的防御的人！你一点女性本能的手腕也没有！"随即又笑道："我要是个男人就好了，给你省多少事。"

她确实一点女性本能的手腕都没有，或许，坠入爱河的女人都是顺从的傻子。

有一次，张爱玲和炎樱去拜访一位画家朋友，意外碰到了胡兰成，几个人聊了许久。事后，胡兰成却向张爱玲抱怨，她不该逗留太久。原来他太太也在那里和几位妇人打麻将，将张爱玲看得清清楚楚，回头就讥笑他："我难道比不上她吗？"

这个太太是有名的美人。

张爱玲那天穿着民初枣红大围巾缝成的长背心，下摆垂着原有的绒线排穗，罩在孔雀蓝棉袍上，触目异常。他显然对她的印象很坏，而且觉得给他丢了脸。

这些时刻当然是伤心的，但她总忘不了那些温情的小片段。他们依偎在沙发上，看夕阳在镜子上照出两小条五彩的虹影。他笑着说"没有人像这样一天到晚在一起的"，又说"相看两不厌，惟有敬亭山"。

他回南京去了，还不忘写信跟她说，现在都知道张爱玲是胡兰成的人了。

　　她做梦梦到他，写信过去，特意为他写了诗："他的过去里没有我，寂寂的流年，深深的庭院，空房里晒着太阳，已经是古代的太阳了。我要一直跑进去，大喊'我在这儿，我在这儿呀！'"

　　其实她心里一直清楚，她的过去乏善可陈，等着一个懂得的人；而他的过去有声有色，不是那么空虚，没有在等着她来。

卷二

因为懂得

有句英文谚语"灵魂过了铁",她这才知道是说什么。一直因为没尝过那滋味,甚至于不确定作何解释,也许应当译作"铁进入了灵魂",是说灵魂坚强起来了。

还有"灵魂的黑夜",这些套语忽然都震心起来。

那痛苦像火车一样轰隆轰隆一天到晚开着,日夜之间没有一点空隙。一醒过来它就在枕边,是只手表,走了一夜。

——《小团圆》

胡兰成初识张爱玲时，是个官场失意人，后来由日本人出钱，在南京办了几份杂志，混得风生水起。等到汪精卫死去，他又不甘寂寞，进一步搭上日本人，前往武汉接手《大楚报》。

新婚还不到一年，夫妻就两地分居，张爱玲自然落寞。不过，她这一时期忙着改编自己的小说《倾城之恋》，搬上话剧舞台，忙碌中倒也冲淡了思念。

这出戏备受瞩目，女主角白流苏由当时的名角罗兰饰演，连苏青都赞不绝口，时常跑来兰心大戏院看他们排练。张爱玲更是上心，几乎天天到场。

这年十二月十六日，《倾城之恋》在上海新光大戏院举行首场公演，当天的门票被哄抢一空，后面几天的也都卖光了。

罗兰把书里那个落魄闺秀活生生搬到了舞台上：袅袅娜娜的旗袍、纤瘦的身段、清幽的眼睛、白瓷似的脸庞，说起话来如风振箫。

张爱玲对此非常满意，甚至想，如果早些看到罗兰，也许《倾城之恋》的小说可以写得更好些。

首映结束后，不管是普通观众、书迷，还是影视界、文艺界，都对这部话剧表现出惊人的喜欢。电影导演桑弧观看了首演后，决意要与张爱玲合作；著名报人、影人陈蝶衣看完演出，回家时不慎跌了一跤，他不久后撰文说"这冷与跌并没有冷掉或跌掉我对于《倾城之恋》的好印象"；著名汉学家柳存仁，本来已获张爱玲赠的十七日的夜场票，结果十六日就按捺不住，自掏腰包购票入场，要先睹为快……

各家报纸上更是好评如潮，连一向对张爱玲的写作不予置评的姑姑，也以"张爱姑"为笔名撰文，假借白流苏和范柳原的口气，将话剧《倾城之恋》大大夸赞一番。

《倾城之恋》连演八十场，算得上名副其实的"传奇"了。

张爱玲沉浸在巨大的喜悦里，她再一次在上海掀起狂潮。但她没有想到，这已经是她最后的辉煌，从这以后，她所有的新作，就再没能获得如此一面倒的好评。

天才的消耗，就像一个美人看着镜子里的自己日日老去，任凭曾经是如何倾城倾国，谁也无法阻止。人人都说，美人白头和英雄末路，是最难让人接受的，其实应该加上江郎才尽。

此时的张爱玲无暇思虑这些，因为她新婚不久的丈夫竟然在武汉有了新欢！

对胡兰成而言，这不是什么新鲜事。报社的住处离汉阳医院很近，出入都是年轻漂亮的女护士，怀春少女，花样年华，一来二去，自然入了他的眼。

女护士中有一个叫周训德的，聪明秀丽，胡兰成说她"连她洗的衣服都特别干净"。

不过是情人眼里出西施而已，他有心要撩拨，自然觉得她哪里都好。其实小周就是个普通人家的普通女孩，做着力所能及的工作，养着弟弟妹妹，既没有惊人的美貌，也没有出色的才情，更没有显赫的家世，但她年轻。

年轻就够了。胡兰成连连献殷勤，借口教习诗词，不时地请她吃饭，又约她去江边散步，后来索性赤裸裸地求爱。

小周没有立刻答应，怀着几分欲擒故纵的小聪明，但又忍不住和他亲近，送给他一张自己的照片。这点拒绝，在胡兰成那里不过是调情，他教她在照片背后题字，写的是情意绵绵的乐府诗：春江水沉沉，上有双竹林。竹叶坏水色，郎亦坏心人。

情生意动的小姑娘，如何抵得过这个浪子呢？胡兰成胜券在握，也不藏着掖着，直接挑明了张爱玲的存在。小周大哭一场，这才知道自己的情窦初开，只是入了胡兰成的万花丛。她并不愿做"小三"，被人在背后指指点点，但她又禁不起胡兰成的甜言蜜语，一来二去，两人公开同居了。

张爱玲全然不知情，她依然和胡兰成保持着通信，生活中微不足道的小事，她都不厌其烦地和他分享。她满心欢喜地写信给胡兰成，觉得两人像在同甘共苦。

胡兰成一面给她回信，一面和小周准备跨年守岁。

　　他们去汉口街上买了年画，一张门神，一张和合二仙，在房间里贴好。两人并肩而立，盯着那和合二仙看了很久，自然又是各种郎情妾意。

　　和合二仙是民间神，当地的青年男女都喜欢拜它，求取好姻缘。画上的神像一个手持荷花，一个手捧圆盒，取"荷""盒"二字的谐音。婚礼之日，必将这神像挂于花烛洞房中。

　　胡兰成与小周，将这除夕之夜，权当新婚之夜。

　　三月里，胡兰成因为政事要回南京，而后顺便回了一趟上海。

　　这一住就是月余，他对张爱玲说起了小周。其实，他之前在信里也提起过，但张爱玲没当回事，总以为他是止于欣赏，毕竟对方还是个十六岁的小姑娘。

　　但女人总是敏感的，尤其是对着自己的爱人，如同巡视自己的领土一般，天生就有捍卫主权的警觉。胡兰成多少在言语中露了马脚，他拿钱给她，说她这里也应该有一笔钱。

　　这里？还有哪里？他心里显然不止这一处温柔乡了。

　　张爱玲旁敲侧击地探听起来，那个小周未曾露面，已经让她有了危机感。

　　胡兰成不以为意，他甚至享受这种危机感，他是一向被女人众星捧月的，习惯了，多少也有些不当回事了。他当然知道一个男人的花心，会给女人带来伤害，但他理直气壮，不愿意费心去遮掩或改变。

他还得意扬扬地在传记里显摆，说张爱玲"糊涂得不知道妒忌"，恨不得直接点破，夸自己魅力过人。

张爱玲当然也是忌妒的。她故意向胡兰成透露，有个外国人看中了她，希望和她来往，愿意给她贴补钱财。

这事不管真假，显然，张爱玲说出来就有赌气的成分，想从情感上或者面子上，扳回一局。胡兰成起初也生气，仔细想了想，却认定张爱玲在编故事。

当月，《天地》上发了一篇张爱玲的文章，恰好提到了女人的忌妒心，字字幽恨，意有所指是胡兰成，弦外之音也是胡兰成。她像每个陷入情感谜题的女人，从他嘴里听到其他女人的好，心里不可避免地难过，一面要时时提醒自己别做怨妇，一面忍不住想发脾气，却又害怕发了脾气后，他连当面聊其他女人的机会都不给了。

她不是要掩耳盗铃，她以为胡兰成和小周没有发生肌肤之亲，而胡兰成又照旧深情款款，似乎两人的感情还可以挽回。

她有心重温旧梦，他蓄意温柔体贴，在上海的那一个月，竟成了他们感情的回光返照。

倘若一个男人有心要讨好一个女人，那真是三月花，眼花缭乱到让人着迷，哪怕他并没有几分爱意。

胡兰成是真的懂张爱玲，她若是一篇字字珠玑的文章，他就是能拿满分的解读者，每个得分点，都扎在她的心头。

她不喜欢交际，但并不讨厌被仰视；她不喜欢张家的封建，但并不讨厌名门之后的荣光；她不喜欢卖弄，但并不讨厌追捧……总之，胡兰成把这点微妙的分寸把握得刚刚好，他带她出门应酬，周旋在官员、文人、朋友等各个交际圈，处处显摆她的好，又处处取悦了她的虚荣心。哪怕是张爱玲不想去的场合，最后也能被他哄得心花怒放。

有一次，他邀她去参加一个座谈会，他们坐着面包车，跑在法租界的路上，三月的柳絮漫天扑来，他笑得格外温柔，她的心情也跟着明朗。他们肩并肩坐着，一起从柳絮飞雪里穿过，白色的絮落到她的发上和膝盖上，他小心地替她捉，恩爱一如往常。

这是多么唯美的画面，风流而不下流，简直可以入诗了，读起来一定情意缠绵。可惜诗总是当不了真的，再情意缠绵的言语，也有虚伪的嫌疑。

动身回武汉的前一夜，胡兰成邀张爱玲去了他自己的家。那天，她看到了胡兰成的前妻，一个看起来神经质的女人。她有些兔死狐悲的不快，但她依然留了下来。

　　她已经将他看得太清楚了，清楚到不抱任何幻想，只是仍然无法放手。他就像镜子里的花，她坐在镜台前痴痴地看，心里知道这束花是采不下来的，却舍不得起身离开。恐怕离开也是无济于事，这种明知不可得的守候，教人自我感动着，生出一股凄凉的美和满足。

　　什么时候，她把这面镜子打破了，这段情才算完了。

　　张爱玲早就知道胡兰成的毛病，她甚至知道他和苏青有过纠葛，这也是她和苏青渐行渐远的原因之一。曾经，她宁可相信自己的男人，但胡兰成辜负了她的相信，回到武汉后，他立刻又与小周双宿双飞了。

　　这段坐享齐人之美的日子，直到日本投降才结束。

　　迫于政治形势，胡兰成不得不离开武汉，辗转各地。逃亡和落魄并没有洗去这个男人身上的风流，他一边惦记着小周，一边给张爱玲写信。

　　最是多情郎君心，恰如春柳，攀了这人手，又攀那人手。

　　胡兰成一路北上，东躲西藏，又偷偷乘火车回到了上海。他暗中给张爱玲写了一封信，告知自己的行踪，想让她稍微放心些。

　　张爱玲此时又惊又惧，她并不懂政治，一个生长在富贵家庭里，写些富贵故事的娇小姐，哪里经历过这些动荡呢？抗战胜利，在她看来最直观的感受，就是从前街道上张贴的女明星照片，变成了蒋介石的照片。她和炎樱会笑嘻嘻地打趣，跟着街头上快活的人群一起闲逛，体会自由的空气。

她这才后知后觉，原来没有胡兰成，自己也可以这么开心。可是，想到那个生死不明的人，她又有一丝茫然。

卷四

独自萎谢

我已经不喜欢你了。你是早已不喜欢我了的。这次的决心，我是经过一年半的长时间考虑的，彼时惟以小吉故，不欲增加你的困难。你不要来寻我，即或写信来，我亦是不看的了。

——《分手信》

在日本投降前，胡兰成曾经预感自己将来会有麻烦。

有一个傍晚，他们在阳台上闲聊。整个上海都笼罩在暮色里，胡兰成感觉自己的前路也是暮色苍茫，他告诉身边的张爱玲："我必定逃得过，惟头两年里要改姓换名，将来与你虽隔了银河亦必定我得见。"张爱玲笑道："那时你变姓名，可叫张牵，又或叫张招，天涯地角有我在牵你招你。"

胡兰成不以为然。他并不相信任何一个女人能与他同甘共苦，按照他风流多情的性格，他也并不愿意和任何一女人做亡命鸳鸯，一来要吃苦头，二来显得他无能。

没多久，胡兰成的担忧就成真了，他一路逃难，化名张嘉仪，谎称自己是张爱玲祖父张佩纶的后人——果是姓张，只是不叫张牵或是张招。

他早忘了这番话，逃难的路上也不缺温柔乡。其实，张爱玲哪里是随便给出甜言蜜语的人，她难得掏出了真心，偏偏遇上一个没有心的人。

在胡兰成逃难前，他们仓促地见过一面。

是在陌生人的家里，床很大，张爱玲蜷缩在胡兰成怀里，忽然幽幽地说了声："我要跟你去。"胡兰成好像感到了一阵恐惧："那不是两个人都缴了械吗？"

她心里明明还怀着对小周的猜忌，但她愿意和他一起远走天涯，他却并不愿意。

他躲在乡下后，也曾来上海的公寓找过她一次。这一次，他们说起了小周，胡兰成言语中满是对小周的不舍。

他明里暗里的试探，她听懂了，却又装作听不懂，其实是不愿意也不敢承认现实，宁愿自己稀里糊涂地瞎想。

两人似乎无话可说，她心里隔着小周，他呢，一面担忧着前途，一面还想着美人。

第二天，张爱玲送他走，心情是前所未有的黯淡：这个男人前途未卜，她的爱和恨也跟着前路不明。

失恋的女人是最没有尊严的，聪明、优雅、美丽……这些都敌不过一个男人的背影，痛失所爱，会让每个女人化身怨妇，从前一切好的品质，似乎都在跟着眼泪一起掉，掉着掉着，发现自己除了哭泣，已然活成了连自己都厌弃的模样。

张爱玲也不例外。

走在马路上，听见店铺里播出的京剧，唱须生的声音非常像胡兰成，她眼里立刻涌出泪；在饭桌上，想起胡兰成寄人篱下，在亲戚的大圆桌旁蹭饭吃，她就变得食不知味。有两个月，她粒米未进，只喝点罐头西柚汁，夜晚躲在被子里偷偷哭。

姑姑和炎樱都劝说她，她浑浑噩噩地听不进。直到有一天，她突然意识到，原来失恋的张爱玲和别的女人没什么区别，自怨自艾，到了面目可憎的地步，因为街头橱窗里映出来的那个人影，又老又瘦。

今日的痛，都是昨日赏给自己的一记耳光。她或许不记得了，她曾经接受杂志采访，一字一句地说起自己理想的情人："男人的年龄应当大十岁或是十岁以上，我总觉得女人应当天真一点，男人应当有经验一点！"

这分明就是她和胡兰成，可惜她没有得到幸福。

胡兰成在温州躲避了很长一段时间，与张爱玲一直通着消息，但长信是再也不写了。张爱玲有时也回个字条，捎些外国香烟和剃须刀片给他。

一次在信中，张爱玲忍不住称胡兰成之居温州，犹如王宝钏守寒窑，不过虽是在寒窑，但日子过得甚是惬意。

到底是意难平。

谁也不会想到，生在张公馆的大小姐，为了见一见情郎，竟然从上海一路坐车，又乘轮船又换独轮车，到了温州乡下。

她是瞒着胡兰成的。见了面，他非但不感动，反而骂她："你来做甚么？还不快回去！"

他身边是有人的，他躲在昔日的同学斯颂德家里，斯家有个姨太太叫范秀美，自小被卖给人家做妾，十八岁就守寡了，性情温和，特别会照顾人。胡兰成毫不意外地迷上了她的温柔，两人竟好上了。

他把张爱玲安排在一家旅馆里，白天过来陪她，晚上依旧回范秀美家里。有时范秀美也同来，毫不知情的张爱玲沉湎于重逢的喜悦中，看着胡兰成，眉眼都是笑。

乡下风光幽静，两人似乎又回到了从前，开心地谈论西洋的电影、小说，平时也去附近木器店里看看床柜雕刻，去庙里看罗汉，去松台山看新兵操练。只有在出门时，胡兰成才显露出一些端倪，比如看到张爱玲涂唇膏，他会僵硬地阻止；比如两人一起并肩走时，他会神色不自在。

他对张爱玲的贸然出现，仍然是不满的，害怕暴露自己的身份。

对着自己的爱人，没有哪个女人不敏感，更何况是张爱玲，她很快就察觉到，身边的男人在渐行渐远。

有个清晨，胡兰成照旧来旅馆看她，两人坐着闲聊。她隐隐感觉到他有些异样，再三追问了几次，胡兰成都回答没事。没多久，范秀美来了，打过招呼，他下意识地就冲范秀美抱怨肚子不舒服。范秀美一边与张爱玲聊着，一边随口说等会儿泡杯茶来。

女人对待自己的男人，在态度上总是不一样的，肢体上或言语上都透露着占有。

面对范秀美和胡兰成之间理所当然而又轻描淡写的亲昵，张爱玲深深地惆怅，形同外人。

还有一次，也是三个人在一起聊天，张爱玲提出要给范秀美画画像。本是客套地随口说说，胡兰成却非常高兴，他知道张爱玲擅长画画，立刻就找来了纸笔。画到一半，张爱玲突然不肯画了，因为纸上的那张脸、那双眉眼越看越像胡兰成。

这一趟温州之旅，大概是张爱玲平生最落魄的时候。不只是因为吃了苦，伤了心，而是她自己把自己的尊严踩在了脚下。

她是黄素琼的女儿，是出身于张公馆的，情情爱爱的事还见得少吗？痴男怨女的故事，她向来是最不屑的，可是她也一头栽了进去，做起了千里寻夫的俗气事，偏偏对方还负了她。

她要他做选择，而胡兰成不肯，还觉得她不该有寻常女子的忌妒、委屈和悲哀。

她凄婉地叹气："我想过，我倘使不得不离开你，亦不致寻短见，亦不能再爱别人，我将只是萎谢了。"

他不愿给她安慰，只是一味地挥手作别。她心里知道，这段感情已经走到尽头了。

最后一面，依然是在张爱玲的公寓里，仿佛一个完美的圆，兜兜转转。

他是为了坐船离开，在上海逗留了一晚，住在张爱玲的公寓。

胡兰成似乎完全没有察觉到张爱玲的变化，他埋怨张爱玲不会招待客人，没有留斯家人吃饭；又埋怨她先前去温州时，给斯家添了许多麻烦。

他或许是怕张爱玲此时遗弃他，不免带了挑刺的心思，企图得到她的安抚。张爱玲却没有忍耐，与他吵了起来，扯出小周和范秀美的事，两人都有些难堪，重逢的喜悦更是七零八落了。

原来，胡兰成虽然人在温州，却几次托人去武汉找小周，消息被张爱玲知道，她又怒又恼。这个时候，胡兰成的侄女竟然带着范秀美找上门了，她怀了胡兰成的孩子，来上海打胎，却没有钱，只好拿着胡兰成手写的纸条来找张爱玲，希望她能接济一下。张爱玲什么也没有说，给了她们一只金手镯。

两人的感情已是千疮百孔，偏偏胡兰成还来招惹她，拿着自己新写的《武汉记》，让她帮忙看看。这是急于证明自己的魅力，还是根本没有把她的感受放在心里？

这哪里是什么新书？这分明是他和小周的恋爱史，她连碰也不愿碰。

夜里，两人分房而睡。胡兰成心里什么都清楚了，但也不以为意，女人那么多，即使少了一个张爱玲，又算什么呢？

第二天清晨，胡兰成要走了，他去和张爱玲告别，什么话也没说，在她的床前俯下身，轻轻吻她。

张爱玲泪流满面，从被窝里伸出手，抱住胡兰成，满腔心思都化作一声呼唤："兰成！"

早知如此断心肠，不如当初不相识。

或许，她喊的不是眼前这个人，而是自己曾经的憧憬和爱情。

胡兰成心里也有所震动，但他心猿意马，已不是谁能唤得回的了。他很快由外滩坐船离开，这一走，两人从此再未见面。

直到一九四七年，两人间还常有一些书信来往。她照常给他寄钱，可能是念着旧情，可能是不愿欠他的，毕竟从前也拿了他的好处。胡兰成的回信依然不肯老老实实，常常有"邻妇有时来我灯下坐语"这样的话。

胡兰成化名张嘉仪之后，以"张佩纶后人"为招牌，在温州广交名流，还去了温州中学教书，半年后转到雁荡山淮南中学做教务主任，很有东山再起之势。

他按捺不住喜悦，忙不迭地向张爱玲炫耀。眼见他脱离险情，在这年六月十日，张爱玲将分手信寄了出去，随信还附了三十万元，是她写电影剧本《不了情》和《太太万岁》的稿费。

胡兰成似乎想过张爱玲会有这样绝情的行为。他只好写信给炎樱，请她带话，炎樱接到信，是一定要给张爱玲看的，而张爱玲却是铁了心不理。

他无奈，抱怨她"临事心狠手辣"。

他后来回到上海，对张爱玲还是不能释怀，起了念头想去看看，犹豫再三，最后一次去了那栋熟悉的公寓。可是，出来开门的是一个陌生女人——张爱玲早就搬走了！

余生漫漫，唯一一次的联系，是十多年后，张爱玲从美国寄来一张明信片，上无抬头，下无署名，只写着："手边若有《战难和亦不易》《文明的传统》等书（《山河岁月》除外），能否暂借数月作参考？"

胡兰成如获至宝，立刻打包了旧书，还捎上自己新出版的《今生今世》，"在信里写了夹七夹八的话去撩她"。

张爱玲显然厌恶他的撩拨，没有立即作答，过了许久，才回了一个短笺：

"你的信和书都收到了，非常感谢。我不想写信，请你原谅。我因为实在无法找到你的旧著作参考，所以冒失地向你借，如果使你误会，我是真的觉得抱歉。《今生今世》下卷出版的时候，你若是不感到不快，请寄一本给我。我在这里预先道谢，不另写信了。"

寥寥数语，如同陌路。

爱情不就是这个样子吗？你若有情我便留，你若无心我便休。

倾世之才，倾城之恋

张 | 爱 | 玲 | 传

故事，是过去的事，还是不存在的事？

或许它最迷人的地方，就在于这份扑朔迷离。

点一炉龙涎香吧，你听过它的故事吗？

原本只是渔民在海里捞到的灰白色的蜡，点燃以后，香味四溢，比最上等的麝香还香。官员们把它进贡给皇帝，作为宫廷香料，谁也不知道它到底是什么。炼丹术士们说，这是龙在瞌睡时流出的口水，滴到海水中凝固起来，给它取名"龙涎香"。

人们把它奉为神物，其实呢，它不过是鲸鱼的体脂分泌物而已。

越是动人的故事，真相也许越不美好。

第六炉香

龙涎香

卷一

既见君子

　　她一向怀疑漂亮的男人。漂亮的女人还比较经得起惯，因为美丽似乎是女孩子的本份，不美才有问题。漂亮的男人更经不起惯，往往有许多弯弯扭扭拐拐角角心理不正常的地方。再演了戏，更是天下的女人都成了想吃唐僧肉的妖怪。不过她对他是初恋的心情，从前错过了的，等到了手已经境况全非，更觉得凄迷留恋，恨不得永远逗留在这阶段。

——《小团圆》

　　一段坏的感情，在女人身上，就好比一场恶疾，带来的是由内而外的伤和痛。能否痊愈，全看个人体质，即使侥幸熬过去了，多多少少也会留下点伤疤或后遗症，余生杯弓蛇影着。

　　胡兰成之于张爱玲，就是一场余威犹在的病。

　　抗战胜利后的一年，张爱玲几乎没有任何作品，因为那个"胡太太"的名头，没有刊物敢向她约稿。她本来就不喜欢和人打交道，现在更是深居简出，几乎在文坛上销声匿迹了，有一家报社还专门为此写了一篇《张爱玲哪里去了？》。

　　好在天无绝人之路，一家名叫《大家》的杂志冒着风险，刊登了张爱玲的新作《华丽缘》。

　　《大家》的主编龚之方，是报界的名人，也是中国影坛的前辈。认识龚之方后，张爱玲开始尝试着写电影剧本。

　　张爱玲第一次见到桑弧，是桑弧在家中请客，宾客除了张爱玲，还有龚之方等。那天桑弧从头到脚都透着稚嫩，那身浅色爱尔兰花格呢子上衣，看起来并不合身，陌生而局促，因为紧张，连面上的笑容也显得刻意。

　　这次会面后，她写了人生第一个电影剧本《不了情》，由桑弧导演，改了又改，终于搬上荧幕，男女主角都是当红的明星。电影要上映时，黄素琼刚好回国，张爱玲便和母亲、姑姑一起去电影院看预演。

也许是因为要审核，剧本的内容被改了许多，她并不喜欢，电影快结束时，提前走了。

桑弧急了，连忙追出去，在楼梯上拦住她："没怎样糟蹋你的东西呀！"

十分诚意，三分无奈七分哄，完全是恋爱中的模样。[1]

他是真急了，忘了还有那么多亲友在场，堵在她面前。她那天赤脚穿着一双镂空鞋，他站得那么近，西装裤的裤脚空荡荡地罩在她脚背上，被姑姑瞧见了。

张爱玲心里觉得窘，忙不迭地拉着家人走了。那时，她已经和桑弧在暗中交往。

她其实一直喜欢漂亮的男人，胡兰成是，桑弧也是。

他不是那种女气的美，眉目舒朗，像挺拔的白杨，春风徐徐吹过，教人看着舒服。

这个人和胡兰成是截然不同的。

他像温润如玉的君子，彬彬有礼，上门来看张爱玲，会体贴地照

1.关于张爱玲与桑弧的关系，有不同的版本，张子静在《我的姐姐张爱玲》中辟谣说二人并非恋人关系。本书中有关桑弧与张爱玲的相处细节，均根据《小团圆》中九莉与燕山的关系改编。——编者注

顾到姑姑的情绪，陪着姑姑聊天。有一次，他和姑姑聊起上海的风土人情，两人都讲得津津有味，张爱玲坐在一旁听着，一方面高兴他们相处融洽，一方面竟感到忌妒，觉得自己被冷落了。桑弧立刻察觉到了，讪讪地住了口。

他也像有赤子之心的孩童，真诚而有性情。有一次，他们在一个小码头上观景，轮船来来往往，阳光落在两人身上，张爱玲正走神，他突然凑过来笑道："你的头发是红的。"

这种感情也和胡兰成给的截然不同。她忽然像是换了一副面貌，没有了从前的孤和傲，像再普通不过的小女孩，两个人幼稚而真诚地谈起了恋爱。

对张爱玲来说，爱最直观的表现，就是她开始在这个男人面前示弱。

黄素琼这次回国是带着伤痕的，她原先准备结婚的男友，在战火中去世了，她兜兜转转，始终没有找到一份依托和安宁。张爱玲知道这些，但她并不知道怎么和母亲聊这些私密的情感话题，她只是铁了心要把从前花的母亲的钱还回去。

在姑姑的建议下，她准备了二两金子，可是黄素琼坚决不要。她误以为女儿是要和她断绝关系，哭着为自己辩解："就算我不过是个待你好过的人，你也不必对我这样，'虎毒不食儿'嗳！"

她知道女儿始终心存芥蒂，但她总觉得自己对女儿是有恩情在的，不拿这笔钱，似乎就完结不了这份恩情。

可惜张爱玲不这么想，面对黄素琼的眼泪，她心里已经毫无波动。她铆足了劲要还钱，何尝不是一种报复？仿佛在讥讽过去那些年，黄素琼的失职和不耐烦都是因为钱。

那天，桑弧来找张爱玲，她说起了这件显得她没良心的事，他说："当然我认为你是对的。"

他拥着她坐着，喃喃地说："你像只猫，这只猫很大。"这是什么比喻？这个男人未必懂这个怀里的女人，但他肯拿出真诚来理解她，张爱玲被打动了。

有时候晚上出去，桑弧送她回来，不愿意再进去，否则姑姑又要嫌弃他们半夜三更闹腾。两人就在楼梯上，傻傻地坐在一起，却像两个孩子似的，叽叽咕咕，说一些无聊而又甜蜜的事。连张爱玲都免不了自嘲："我们应当叫'两小'。"桑弧就在旁边笑着应和："两小无猜，我们可以刻个图章'两小'。"

这些体贴、温柔和安慰，都是至真至诚的，都是青春年华里干干净净的心动。她自己也在《小团圆》里说，这更像是一段补回来的初恋。

张爱玲与胡兰成，更像是旗鼓相当的过招，男人与女人之间的进与退。而张爱玲与桑弧，更像是情窦初开的吸引，女孩和男孩的甜与涩。

在二十七八岁，她才有了这样姗姗来迟的少女情怀。

她有了"女为悦己者容"的心情，因为桑弧问她："你从来不化妆？"她就开始学着搽粉。

他常常和影视明星打交道，见得多了，也会帮着张爱玲研究她新学的妆容，指着脸上某个地方，让她再扑点粉。她一边照做，一边笑着抱怨："像脸上盖了层棉被，透不过气来。"

她也有了患得患失的心情。他有时候会孩子气，把头枕在她腿上，她抚摸着他的脸，想到"掬水月在手"，觉得这一切都不真实。

那时候，外面都在传张爱玲和胡兰成的风流韵事，不怎么中听。桑弧自然也听到了，张爱玲从前并不认为这是上不了台面的事，如今却又有点难以启齿，她勉强笑着，告诉他两人已经断了："上次看见他的时候，觉得完全两样了，连手都没握过。"

桑弧立刻大声地嚷起来："一根汗毛都不能让他碰。"

张爱玲忍着笑，心里觉得感动。

她其实很少有感动的时候，她不冷，但她也热不起来。这个时候，这个地点，这个人，给了她微末的暖，对她而言，受用很久。

谁说这不是爱呢？

　　姑姑对他们的恋情并不看好。有一次，姑姑陪着桑弧聊天，等他走了，姑姑笑着说："看他坐在那里倒是真漂亮。"

　　话里话外，有些打抱不平的意思。这段恋情一直在地下，说不上来是谁的主意，总之在亲友间都瞒着。姑姑以为是张爱玲的想法，总说她待桑弧，不如她从前待胡兰成。

　　张爱玲心里何尝不难过？爱情也是有先来后到的，倘若她先遇到的人是桑弧，不说花好月圆，至少不会闹得如今这么难堪，伤心伤神，还落得一身骂名。

　　她不是没有那么爱桑弧，她是抱着失去的念头和他在一起的。

　　年少成名的导演，前途无量，人又正直，凭什么和声名狼藉的她牵扯在一起呢？这些细碎的隐忧，并不是一个女人的妄自菲薄，而是张爱玲的看透。

　　她曾经为胡兰成低到尘埃，她在桑弧面前，也有自己的诚惶诚恐。

　　每次，桑弧来找她之前，张爱玲都要去拿冰箱里的冰块擦脸，因为这样可以使皮肤紧缩。有时候怕被姑姑看到，她就把浴缸里的冷水龙头开着，多放一会儿，用冷水洗脸。在她和母亲同住的那段日子，她清清楚楚地见识到了女人的衰老，她不愿在桑弧面前露出老态。

　　有一次，她跟桑弧看电影，从电影院出来，她注意到他脸色很难看。她立刻意识到自己的妆容花了，偷偷取出小镜子一看，脸上的粉和霜果然已经沁出油。

　　你看，任何在爱情里的女人都是一个样子。

　　桑弧和哥哥嫂嫂同住，和几个结了婚的姐姐也走得近。张爱玲曾经去过他家里一次，她知道，他的哥哥并不赞成他们的恋爱。

　　这些隐忧在心里淌着，无声无息，也许只是单方面的，但总有一天会酿成洪灾。

　　在他们之间，这场洪灾是一次假孕事件。张爱玲意外停经两个月，她担心自己怀孕了，不得不告诉桑弧。

　　桑弧勉强带着笑，说："那也没有什么，就宣布……"

　　他介绍了一个产科医生给她，是个女医生，验出来没有怀孕，但是查出来她子宫颈折断过。她心里一阵凄凉，知道这是上一段感情留下的病症，如今从陌生的女性嘴里说出来，有一种微妙的鄙夷。

　　次日，张爱玲一五一十地告诉了桑弧，当然也包括自己的病。她强忍着心里的难堪和自轻自贱，她不愿意由女医生转告给他。桑弧并没有露出什么神色，但她心里依旧怀疑，害怕他嘲讽自己是败柳残花，也害怕他其实很高兴自己没有怀孕。

　　在桑弧面前，她一直是没有安全感，尽管这在很大程度上是因为她自己。她在上一段感情里费力折腾过了，遇到好的人，自觉配不上。

到底配不配得上，两个人心里都是各自有答案的，只是恋爱的甜蜜，盖过了追究答案的好奇。但是，这一次怀孕的乌龙事件，残忍地捅破了这层窗户纸。

他们开始有意识地冷静。

那阵子总在下雨，张爱玲在日记里写："雨声潺潺，像住在溪边。宁愿天天下雨，以为你是因为下雨不来。"

她靠在藤躺椅上，泪珠不停地往下流。

桑弧最后还是来了，她抱着他说："没有人会像我这样喜欢你的。"

他应了一声："我知道。"

但是她又说："我不过是因为你的脸。"

前者是心里话，后者是欲盖弥彰的描补，她只能这样安慰自己。

也只能这样安慰对方。谁说她不喜欢呢？她喜欢到不忍让对方为难，喜欢到给自己找好了一个失去的借口：你丢下我也没什么关系，我也只是喜欢你的脸而已。

这段感情说不上是谁辜负了谁，或许两人都是明白的，一开始就明白，不可能会有结果。他们最好的结果，不过是一个写电影，一个拍电影，然后暗暗爱一场。

《不了情》之后，他们又合作了《太太万岁》。电影上映时，关于张爱玲和桑弧的绯闻传开了，他们共同的朋友龚之方站出来辟谣，说根本没有这回事。因为龚之方想要撮合这两人，曾经亲自上门游说。张爱玲听了他的意见，没有应承，只是摇头。

龚之方毕竟不够懂她，只看到了面上的拒绝，却不知道摇头的背后，是曲折难说的心事。

不久，桑弧就被家里安排着结婚了，对方是个女演员。

那天他仍然来找张爱玲，心神不宁的样子，不知道怎么开口，也是不愿意开口。

她故意试探他："预备什么时候结婚？"

桑弧笑了起来，说："已经结了婚了。"

仿佛有一条河隔在他们中间，流水汤汤，遗恨泱泱。

两人的脸色都变了，想说些什么，却又无从说起，未及落泪，已然心伤。

当时有份报纸，刊登了桑弧结婚的消息，还特意放了小夫妻俩的照片。张爱玲特意找来看了，照片印得模糊，看不清那位新娘的模样，只知道是个瘦弱的身形，小鸟依人地靠着他。他的头依偎在另一个女人的胸前，她看着那个画面，就像是看她自己。

她心里像被火烧一样。

桑弧大概知道她心里不会好受，托人去报社说了，以后再也不登他们私生活的事。

尽管这段感情无疾而终，但关于桑弧，张爱玲从来没有懊悔过，因为那时候幸亏有他。

卷二

远走他乡

　　曼桢道："世钧。"她的声音也在颤抖。世钧没作声，等着她说下去，自己根本哽住了没法开口。曼桢半晌方道："世钧，我们回不去了。"他知道这是真话，听见了也还是一样震动。她的头已经在他肩膀上。他抱着她。

——《半生缘》

一九四九年七月，龚之方办起了《亦报》，与旧上海的小报相比，风格清新，引来很多文化名流投稿。

龚之方自然惦记起老朋友张爱玲。他兴冲冲地跑去找张爱玲，向她约一部长篇小说。

张爱玲欣然允诺，但要求换个笔名发表。一来，当初她在杂志上连载过长篇小说《连环套》，效果不理想，想换笔名探探路；二来，她与胡兰成虽已是陈年旧账，但到底不是什么光彩往事，为了防止读者们闹事，还是用笔名保险一些。

这次，张爱玲拿出的作品是《十八春》，又名《半生缘》。这是张爱玲在新中国成立后的第一部作品，也是她的第一部长篇小说。

她用"梁京"做笔名，边写边刊登。全文有二十五万字，在报纸上连载了一年，结束后又出了单行本。

出版方非常看好这部《十八春》，在连载开始前三天就登出广告预热，声称这一篇是"名家之作"。之后，桑弧以"叔红"为笔名，不遗余力地进行推荐。

小说以顾曼桢、顾曼璐两姐妹为主角，身为舞女的姐姐顾曼璐，为了给丈夫生孩子，不惜破坏妹妹顾曼桢的恋情，让她成为为自己代孕的工具。结尾时，顾曼桢与恋人重逢，两人终于说清当初的误会，一起投身革命。

《十八春》一经发表，立刻引起轰动，在上海出现了一大批"梁迷"。因为不同于她以往精雕细琢的上层社会，这部小说更接地气，多了一些市井生活的气息，让许多读者都产生了共鸣。

当时有个女读者，遭遇了与曼桢相似的经历，在看了《十八春》后，她大哭一场，特意跑到报社去打听张爱玲的住址，然后上门去拜访。吓得张爱玲不敢出门，只得由姑姑出面，好言好语将来人劝走了。

除了找上门，还有许多读者给《亦报》写信。他们要求一定让曼桢"坚强地活下去"，或者恳求作者不要太狠心，或是痛骂祝鸿才。

有个名叫齐甘的读者特意写信来抱怨，说他邻居有位三十来岁的胖太太，经常向他借报纸看，就为了能读到《十八春》。在看到第一百六十三天的报纸时，看到祝鸿才强占了曼桢，那女人竟跑过来冲着他大吼："恨不得两个耳刮子打到梁京脸上去！"

连周作人也每天追读这篇小说，还两次在自己的文章中写到。

编辑部每天都被这些来信弄得焦头烂额，张爱玲自己不方便出面，就让桑弧又发了一篇短文，让各位读者放心，作者肯定会给曼桢一个好结局。

不得不说，从小说的主题到文风，张爱玲都实现了一次完美的转型。

当初，傅雷指出的《连环套》的缺陷，她已经一一修补完善，比

倾世之才，倾城之恋

张 | 爱 | 玲 | 传

178

起那部夭折的小说，如今她的作品要好得多。

《十八春》连载结束后，张爱玲用了半年多的时间，拿出了第二部连载小说《小艾》。

中篇小说《小艾》，讲了一个很纯粹的"无产阶级故事"，这也是张爱玲的又一次尝试，因为很多人都认定她写不了无产阶级故事，她自己也曾经说："只有阿妈[1]她们的事，我稍微知道一点。"

她当时并没有打算写，但《十八春》的成功让她知道了，她必须开始转型。贵族们的爱恨情仇已经很难引起共鸣，只有贴近生活的故事，才容易赚取眼泪。

就在所有人翘首等着张爱玲大展身手，再创高峰的时候，她突然决定离开上海，远走香港。

没有人知道这是为了什么。

有人说可能和第一次文学艺术代表大会有关。张爱玲被点名邀请，她激动之余，也很紧张，光是穿什么衣服，就和姑姑商量了好几天。

开会那天，张爱玲穿了一身旗袍，外面搭着一件带网眼的白绒线衣，素雅而又低调，比平时收敛了很多。这已经是她所有行头中最不起

1.阿妈，指用人。——编者注

眼的装束，然而她发现自己还是鹤立鸡群，与那些清一色的中山装、列宁装混在一起极其不协调。

她以前是喜欢标新立异的，如今坐在一群作家中间，被人频频打量，只觉得不安而惶惑。她感觉到一层隔膜，她仿佛变成了第二个张廷重，追赶不上黄素琼的脚步。

或许这只是一个契机，她发现自己始终是活在过去的。那些讲究的习惯，那些大小姐的做派，是一时半会儿改不掉的，都是融在她骨子里的东西，没有它们，也就没有苍凉而华丽的张爱玲。

她那时正在构思小说《五四遗事》，一个发生在西湖的故事，也是一个属于平民的故事。其实，这对她来说很陌生，为此她还特意报了旅行社，往西湖走了一趟。

这并不是什么愉快的旅行，她还是那个精细的贵族小姐，只看到了"油腻腻的旧家具""螃蟹面的确是美味"。她把浇头吃了，汤也逼干了，面却一口也不肯动，这浪费粮食的举动，立刻引来了其他游客的议论。

她再一次感觉到不合群。

弟弟张子静早就知道她无法吃苦，担心她的前路，特意跑来问她有什么打算。张爱玲沉默了许久，没有回答，但心里已经暗暗有了离开的决心。

到一九五二年七月，她默默地走了，没有和任何人告别，除了姑姑。

当时张子静在浦东乡下教书，很少回市区。八月份，当他再次回到上海，去公寓找张爱玲时，姑姑开了门，一见是他，就说："你姊姊已经走了。"随后便把门关上了。

张子静惘然若失，慢慢下了楼，忍不住哭了起来。

他想起小时候父亲和母亲吵架时，姐姐和他被仆人赶去外面，叫他们乖一点，少管闲事。张爱玲和他就在阳台上静静地骑着三轮的小脚踏车，两个人这时谁都不作声，但心里多少还有一丝安慰，因为身边还有人陪着。

张爱玲头也不回地走了，就像黄素琼当年一样，这回，只剩下他一个人。

文艺界对张爱玲的出走，同样震惊不已。

当时"上海电影剧本创作所"刚刚成立，夏衍兼任所长，他一心想要邀请张爱玲当编剧，还来不及把消息透露出去，就听说张爱玲已去了香港。他托人带信给张爱玲的姑姑，请张爱玲在香港给《大公报》《文汇报》写一点稿子，姑姑答复说无从通知，因此也就作罢了。

此时的张爱玲已在香港定居下来，起初，她寄住在女青年会一间小房间里，在美国新闻处做些翻译工作，维持日常生活。

这份工作让她结识了后半生的挚友邝文美。邝文美是典型的大家闺秀，擅长写作，还精通外语，连宋美龄都为她的才学叹服，邀请她做自己的秘书。

张爱玲对这位朋友发自内心地赞赏，将她视作女性的典范。她不仅自己事业有成，还帮助丈夫著书立说，将家中事务也打理得服服帖帖，永远端庄贤淑。张爱玲毫不吝啬自己的赞美："自从认识你以来，你的友情是我的生活的core[1]。我绝对没有那样的妄想，以为还会结交到像你这样的朋友，无论走到天涯海角也再没有这样的人。"

张爱玲确实是幸运的，她不仅收获了友谊，还遇到了伯乐，对方正是邝文美的丈夫宋淇。

如果没有宋淇的举荐，张爱玲的名字可能会淹没在浩如烟海的作家中；如果没有宋淇的四处奔走，张爱玲可能不会继续走电影之路，不会创下香港最卖座纪录的电影，也不会写出获得台湾金马奖的电影剧本；如果没有宋淇的帮忙，张爱玲的许多遗作都不会问世。

一次相遇，就是一生相知。

在张爱玲的余生里，她和这对夫妇的友谊始终不曾断过。

是宋淇夫妇将她送到码头，目送她离开的。

---

1. core，意为：核心。——编者注

到达美国后，张爱玲在旧金山稍做停留，然后直奔纽约。她要投奔的人，正是好朋友炎樱。那时候炎樱已移居美国，在纽约做房地产生意，炎樱一向性格开朗，适应力强，日子过得风生水起。

张爱玲就住在炎樱家里，她们还是手挽手地去逛街、吃东西，一如当年在香港和上海时那样。但时间如流水，那些纯真的感情慢慢沉入水底，永远会有新的浪花和喧哗在水面奔腾。

张爱玲本来就不是爱麻烦人的性格，做不来寄人篱下的事，她住了没多久，便主动要求搬出去。但她在美国人生地不熟，手头又不宽裕，能搬到哪儿？只好搬到了一个职业女子宿舍。

这个宿舍是救世军办的，类似于慈善团体，专门用来救济贫民，因此名声并不怎么体面，"谁听见了都会骇笑，就连住在那里的女孩子们提起来也都讪讪的嗤笑着"。

张爱玲此时无路可走，倒也不在乎面子，二话不说就搬了进去。

让她意外的是，听说此事的胡适特意跑了一趟，来探望她的住宿。

张爱玲和胡适的交集可以追溯到上一辈，两家早有渊源，胡适的父亲认识张爱玲的祖父张佩纶，据说胡适还和张爱玲的母亲、姑姑同桌打过牌。

对这位五四领军人物、文坛大家，张爱玲是敬佩有加的。她曾经给胡适写信，虚心求教，寄了自己的书《秧歌》。胡适认认真真地回了一封长信，对《秧歌》做了细致的品评："我仔细看了两遍，我很高兴能看见这本很有文学价值的作品。你自己说的'有一点接近平淡而近自然的境界'，我认为你在这个方面已做到了很成功的地步！"

胡适对这个后辈寄予厚望，让她多寄一些自己的作品。张爱玲马上又寄去了《传奇》《流言》和《赤地之恋》。

到美国后不久，张爱玲就拉着炎樱上门拜访胡适。

此时的胡适，和妻子蛰居在纽约东城的一幢小公寓里，境况并不怎么好，但他还是热情地接待了张爱玲。

那是一个星期日的下午，胡适先生穿着普通的长袍，他的太太江冬秀在一旁，说话带着点安徽口音。张爱玲的家里有不少女佣是安徽人，因此她听着更觉亲切。

他们聊得很尽兴，这次见面之后，胡适不仅在写作上指点张爱玲，在生活上也很关照她，时常嘘寒问暖。感恩节时，他怕张爱玲一个人孤单，特意打电话给她，请她去吃中国馆子。得知她要搬去住女子宿舍，他不放心，坚持要过来看看。

张爱玲带着他里里外外转了一圈。住宿的条件其实不怎么样，简陋的床椅、寒酸的布置、冷漠的人情……这些都和张爱玲以往的生活没法比。胡适看在眼里，满口说好，带着一些安慰和赞许。张爱玲一瞬间就懂了，他不是在夸环境好，而是在表扬自己没有虚荣心，在这样简陋的地方也能安之若素。

他们说着话，在外面站了很久。那天刮了大风，胡适的袍角都被吹起，整个人却稳如山石，给张爱玲留下了很深的印象。

那是他们见的最后一面。

张爱玲离开纽约后，两人几年不通消息。

有一年，她想申请到南加州亨亭屯·哈特福基金会[1]住半年，享受写作资助，因为需要担保人，就写信请胡适先生作保。胡适毫不犹豫地答应了，不仅给她作保，还为她批注了作品《秧歌》。

整本书逐页逐行都圈点过，又在扉页上题了字，鼓励她继续创作。张爱玲看了大受震动，感激得说不出话来。

胡适去世时，张爱玲正为生活的重负所迫，在报上看到噩耗，当时并没有太大的感触，只觉得心情沉重。直到她的生活安定下来，打算翻译《海上花列传》，这时便又想起了胡适。

如果胡适还在，知道她要做这件事，一定很高兴，不但会鼓励她，还会帮忙推广……这样的念头冒出来，格外让人怅惘，因为故人已不在。

1.又译作亨廷登·哈特福德基金会。——编者注

倾世之才，倾城之恋

张 | 爱 | 玲 | 传

你看，炉子里的香要燃尽了，再添一点吧。

　　不如用伽南香。相对没那么名贵难得，用含树脂的树根或树干，加工后可入药，也可以制香，闻着甜甜的。

　　落幕之前，总要有点回光返照的畅快。

第七炉香　伽南香

卷一

执子之手

　　常常觉得不可解，街道上的喧声，六楼上听得分外清楚，仿佛就在耳根底下，正如一个人年纪越高，距离童年渐渐远了，小时的琐屑的回忆反而渐渐亲切明晰起来。

——《公寓生活记趣》

都说，我心安处是故乡，这话，以前的张爱玲或许不懂，如今流落美国，多少有了几分体味。

一九五六年春，张爱玲一路火车倒汽车，终于从纽约的女子宿舍来到了远离市区的麦克道尔文艺营。

麦克道尔文艺营是以美国著名作曲家麦克道尔命名的艺术社团，主要为一些有才华的艺术家免费提供食宿、创作等条件。为了解决生计问题，张爱玲也提交了申请，并通过了，她打算在这里完成第二部英文小说《粉泪》。

文艺营里的生活很有规律，每天的早餐供应结束后，大家便在自己的工作室内进行创作。到了午餐时间，服务生会按时将食物放在每个工作室门口的小篮子里，这样避免贸然打断创作的进程和思路。

张爱玲也有自己的工作室，她除了写作就是读书，很少走出门和其他营员交流。

有一天下午，她听到大厅里很热闹，走出来一看，大家正聚在一起闲聊。人群中，有位头发花白的长者很有感染力，说着好莱坞的种种笑话，几个气质不凡的艺术家正围着他。

张爱玲在旁边也听得津津有味。这时候，他突然转过身来，看了她一眼，她心里立刻涌上了这样的句子："这张脸好像写得很好的第一章，使人想看下去。"

他就是赖雅，是张爱玲的人生中最后一段爱情。

在相遇之前，他们就像两颗异域的星，虽然各自星辉熠熠，却有着截然不同的轨道和际遇。

张爱玲出身名门，赖雅却出生于美国的一个德国移民家庭；张爱玲性情孤僻，赖雅却乐观而外向，美国许多著名作家都是他的好友，比如诺贝尔文学奖得主刘易斯、戏剧大师布莱希特等；张爱玲的大学生涯被迫中断，赖雅却是十七岁就进入宾州大学文学系就读，后来又到哈佛大学攻读硕士学位，毕业后在麻省理工学院任教；张爱玲爱钱，相信攥着钱就是攥着安全感，赖雅却是一个天生的流浪汉，所有的稿费都用来周游世界。

他们有太多的差异，唯一的共同点大概就是才华。

和张爱玲一样，赖雅自小就是文学天才，四五岁时就能当着亲友的面即兴作诗。他的口才尤其出众，剧本写得也很出色，在好莱坞艺术圈里，非常受导演和制片人的欢迎。

当然，他并没有张爱玲那样耀眼的文学成就，因为他好玩的性格，注定了他在交际和其他事上费神，分散了创作的精力和才华。

当张爱玲遇上赖雅，两人都已不是最好的年华。

她三十六岁，举目无亲，遭遇了两段失败的感情，赶上了事业的低谷；他六十五岁，已经走到末路，结过婚，有一个女儿。但他们一见如故，无话不谈，赖雅丰富的阅历，与张爱玲天生的才华不谋而合。

曾有人质疑张爱玲，认为她搭上赖雅，只是为了打入美国上层文艺圈，可惜这人错误地估计了赖雅的文学才能和地位。这显然是小看了张爱玲，如果她是对名利执着的人，她大可不必出国。

她有心再创作出好作品，融入美国文艺圈，这是真的，但以她的才华和眼力，她不至于看不出赖雅的斤两，更别提利用他。她不是第一次恋爱的小女生，事实上，是赖雅的年长和阅历给了她安全感，她欣赏这种见过世面的男人，知道自己想要的是什么。

他们顺理成章地走到了一起，在餐桌旁、走道上谈天，到对方的工作室做客。张爱玲把自己英文版的小说给赖雅看，赖雅赞赏不已。

但是很快，赖雅在文艺营居住的期限就到了。在申请无果的情况下，他只能是带着哀怨和不满，前往纽约州北部的耶多文艺营。

张爱玲去火车站送别。她对未来充满担忧，不仅仅是关于恋情，还有自己的出版前景。赖雅用他宽大的手掌拍拍张爱玲的肩膀，他是一个乐观的人，不喜欢杞人忧天，他安慰这个脆弱的东方女人："绝不把明天的痛苦提前到今天晚上。"

尽管张爱玲手头拮据，临别时，她还是从手袋里掏出一些现金送给赖雅。她知道，他需要这些钱。

此后，他们一直通过书信往来。一个多月后，张爱玲也期满离开了文艺营，这时候，她发现自己怀了身孕，她不得不第一时间通知赖雅。

赖雅接到信之后，犹豫了一番，他的婚史和年龄，都不支持他再养育一个孩子。至于张爱玲，他心里还是存着愧疚和怜惜的，他愿意娶她，前提是不要这个孩子。

张爱玲对这个孩子也是惊大于喜，想来想去，决定还是不生下来。几天后，她和赖雅在一家小酒馆中见面了，两人都同意去做流产手术，然后结婚。

有人曾经怀疑，张爱玲故意以怀孕为借口，向赖雅讨要名分。说这话的人，要多么冷心冷肺，才能把这场伤心当作算计？

这次会面很短暂，赖雅匆匆忙忙地走了，她还给了他一张三百美元的支票，作为她来小镇后的开支，也是对他经济上的支援。其实旅馆的住宿费仅需要五美元，她手头也并不宽裕，但她对爱人向来慷慨大方。

她只是对自己狠，回到纽约后，到处找私人医生。那时，孩子已经拖到了四个月大了，她躺在手术台上的时候，心里惊涛骇浪，以为自己会死掉。

很多年后，她仍对那一幕记得清清楚楚。她洗了澡，泡在浴缸里，觉得自己已经是个苍白失血的女尸，在水中载沉载浮。她心里又着急又恐慌，一遍遍告诉自己，不想要这个孩子。

手术没几天，张爱玲和赖雅如约登记结婚了。他们在纽约一直待到十月，尽管吃穿简单，但可以一起相拥读书、品尝美酒、谈天说地，似乎也是一种难得的幸福。

始终有读者指责赖雅，如果留下这个孩子，张爱玲有个一儿半女，她的寡居生活会更丰富，这个孩子甚至会给她带来不一样的写作灵感。

可是，没有人比当事者更有选择权。张爱玲选择流产，当然有经济上的原因，但她自己的成长之路太坎坷，她对孩子并没有特殊的爱怜。如果让她做母亲，她不见得比黄素琼更成功，她自己也有自知之明。

就像她自己说的："你如果认识从前的我，也许你会原谅现在的我。"

更重要的是，他们的生活实在窘迫。赖雅几乎没有收入，全凭张爱玲贴补家用，而她的手头并不宽裕。她受够了没有钱的滋味，她养不起一个孩子。

比起孩子，张爱玲更需要的是一种安全感和归属感。

初到美国的她人生地不熟，居无定处，经济状态亦不乐观，张爱玲需要归属感来缓解焦虑，需要一个对她关怀而又热情的男人来锚定她的漂泊，赖雅犹如茫茫大海中的灯塔。她自己并没有固定收入，却几次三番给赖雅钱，其实更像是一种等价换取。

与一个可靠而信任的男人相比，钱财当然是次要的。

婚后，赖雅的确给张爱玲带来了许多愉悦。

张爱玲的生活自理能力差，比如她爱喝咖啡，但她不喜欢自己去煮，赖雅就早早起床去研磨咖啡，亲自动手烹制。

张爱玲不喜欢出远门，他就鼓励她多走走，陪着他去看望波士顿的表兄。

张爱玲的投稿一次次碰壁，他们就一起去了纽约，到戴尔公司商谈出版事宜。虽然情况不怎么乐观，但有爱人作陪，张爱玲的心情并不坏，还有兴致去纽约最大的商场购物，为赖雅挑选皮鞋。

谁说爱情一定是色授魂与的香艳，如火树银花？有时候，朝对暮，饭与蔬，已足够动人，温暖岁月。

可惜，赖雅的身体状况不理想，这样的温馨是短暂的。他并没有成为为张爱玲遮风挡雨的依靠，在很大程度上，他甚至成了摧残她写作生涯的风和雨。

一天，张爱玲被赖雅的呼唤惊醒，他半躺在地上，神色痛苦，身体不能动弹。她吓坏了，连忙把他扶上床，急急地去找医生。

赖雅中风了，对于新婚没多久的两人，这无疑是当头一棒。

然而，这仅仅是个开始，赖雅早已不再年轻，又饱受疾病摧残，根本无法给张爱玲任何庇护，反而需要她的悉心照顾。因为他的中风不仅没有好转，反而一次次加剧，这让张爱玲大受打击，不管是生活上还是精神上，此时的她都很依赖赖雅。

赖雅怎么会看不出她的惶惑？他打起精神，向她深情地立誓，保证不会死，不会离她而去。但事实上，这个曾经豪放洒脱的男人，已经渐渐被疾病打垮，他内心无比依赖着自己的妻子。

好在赖雅挺了过来，他活着，她暗淡的日子里就还有光。

他们过得实在不算好，常常有追债的人上门，日常吃穿，也是简而又简。张爱玲三十八岁生日时，他们也不过是吃了一点青豆、肉饼和米饭，然后步行很远的路，去看了一场深夜电影，然后再吹着风步行回家。

但是张爱玲告诉赖雅，这是她平生最快乐的一次生日。

女人和男人就是这点不同，都是过日子，女人更喜欢盯着明天，心里揣着热乎乎的念想，眼下的苦都能咽下，还咽得高兴。但男人更喜欢盯着今天，一日三餐，床头床尾，没有当下的痛快，别想什么日后。

赖雅就是张爱玲的念想，她咬着牙，熬过了那些苦日子。没多久，他们搬到了加州，生活也越来越好，但两人的写作事业基本停滞了。

赖雅年老多病，多少有点江郎才尽了，就像张爱玲当年亲昵嘲笑的那样，婚后完全成了"没有作品发表的作家"。而张爱玲呢，她倒是连续写了几篇英文小说，可惜一直没有出版的机会。尤其是在一九五九年，她辛苦完成的《怨女》屡次遭到出版社拒绝，这让她备受打击。

张爱玲计划回香港一趟，谋求更多的写作机会。况且，她正打算以张学良为原型，写一部英文小说《少帅》，她也想顺路去台湾，找机会见见张学良本人。

赖雅大为震惊。他几乎没有自理能力，完全靠张爱玲供养，现在她要独自回国，无异于"抛弃"了他。

他在当天的日记上写道："well，她想要改变，而我想要和眼前一样的生活。"

生活的羁绊和丈夫的忧虑，张爱玲不是不知道，但她已经下定决心了。

都说风霜雪月过日子，柴米油盐做夫妻，时间久了，曾经心头起伏的春江潮水，也会沉寂为古井。趁着梦想还有点余温，趁着写作还有些激情，她想再试一试。

尽管赖雅极力阻止，对外抱怨自己被妻子遗弃；尽管他为了赌气，故意向亨亭屯·哈特福基金会求助；尽管他们沟通了好几次，他总是不愿意——

张爱玲还是坚持自己的决定。

她已经有太久没有写出像样的作品，她无知无觉地把自己消耗了，就像从田地中大把大把收割的大白菜，论斤论两地卖。但她不是白菜，她是花，把花放在天平上，用白菜的斤两来称重，那简直是暴殄天物。

她必须要停止这种消耗，给自己留出写作的时间和精力。

好在赖雅的女儿愿意帮忙照顾父亲，张爱玲松了口气，亲自把他送到了华盛顿。

时隔六年，她终于可以回国了。

卷二

天涯苦旅

在没有人与人交接的场合，我充满了生命的欢悦。可是我一天不能克服这种咬啮性的小烦恼，生命是一袭华美的袍，爬满了蚤子。

——《天才梦》

这是一座陌生的城。

这也是张爱玲仅有的一次回国之旅，即使是在距上海千里之遥的台湾，这里也是故国乡土，足够抖落满身风尘，小憩片刻。

台湾，以极大的热情和宽容迎接了这位传奇女作家。

十五年过去了，当初闹得沸沸扬扬的"胡张恋"渐渐被人淡忘，当初惊艳亮相的华丽和苍凉再次引人注目。

连张爱玲自己都没有想到，才到台湾，许多读者就从四面八方赶来围观。他们自称"张迷"，被她的作品所吸引，表现出了十足的狂热，不亚于对任何明星的追捧。

台湾文学界也把张爱玲的到来当作盛事，特意为她接风洗尘。连当天作为陪客的，都是白先勇、王文兴、欧阳子、陈若曦、王祯和、戴天、殷张兰熙等，还有许多台大学生中的"文艺青年"。

那几日，所有的新闻媒体都盯着张爱玲，这位女作家的任何举动，都一跃成为焦点和头条。她的行程是从台北到花莲，再到台东，一路上都有粉丝拥过来；她的演讲、她和读者的交谈，立刻就被搬到报纸上；她的打扮——穿着宽大而轻便的衬衣，松开几粒扣子不扣，风姿潇洒，很快引来了台湾青年的效仿，这在当时服饰还很保守的台湾，非常罕见。

如今还能看到张爱玲在台湾留下的照片。她穿了件一字领的花衫，洒脱随意，短发及腮，目光清澈，显得相当年轻。

最能滋养女人的，除了爱情，还有事业。比起在美国时写"烂剧本"换钱的落魄，在中国台湾的张爱玲，才是那个自恋又自得的天才少女。如果说从前她是为了挣钱而写作，后来的她则是将写作当成了一种自我证明，每部作品都是她的一个分身。

这趟台湾之旅，就是对自我的找回和突破。

花莲之旅结束后，张爱玲和王祯和到达台东。在这里，她接到了一个不幸的消息，赖雅因为再次中风，住进了医院。

赖雅与他的女儿自然希望张爱玲尽快赶回来。但是，她回国的机会如此难得，眼看着并没有找到什么写作机会，就这么半途而返，她实在不甘心。更重要的是，这个当红作家，此时连一张返程的机票也买不起。

张爱玲还是决定先去香港，至少要挣够回家的费用。

从一座城到另一座城，改变的不只是地点，还有心境。

台湾给了张爱玲莫大的欢迎，而香港，这座原本熟悉的城市，似乎并没有带给她想象中的好运。

张爱玲离开香港，已经六个年头，她直接去见了宋淇夫妇。她到了美国后，从未断了和他们的联系，更多亏了他们夫妇俩不时地约稿，才让她有了一些稿费来源。

这次，她依然住在宋家，宋淇邀请她执笔改创《红楼梦》的电影剧本。

张爱玲不假思索地同意了。《红楼梦》这本书张爱玲是喜欢的，她曾下功夫仔细研究过数十年，况且她又有创作剧本的经验，能碰到这样有挑战的选题，无疑让她心动不已。

她把自己关在房间里，全心全意地伏案写作。虽然辛苦，但这样的安宁对她来说也是难得的。这几年，她总是为生计奔波忙碌着，很少有机会这样静下心来。

当然，她也不是完全没有牵挂。除了写作，她还要抽时间用书信慰藉赖雅，几场大病彻底从精神和肉体上摧残了这个伟岸的男人，他一次次催促妻子回家。

在巨大的精神压力下，她甚至连故地重游的时间也没有。日复一日的写作，让她的视力也逐渐下降。

即便这样，她还是不断地给自己加压，为了节省不必要的费用，她连双合脚的鞋子都不愿意给自己买。在写给丈夫的信中，她说："自搭了那班从旧金山起飞的拥挤客机后，我一直腿肿脚胀（轻微的水肿病）。看来我要等到农历年前大减价时才能买得起一双较宽大的鞋子。……我现在受尽煎熬，每天工作从早上十时到凌晨一时。"

她渴望早日拿到稿酬，回到病重的赖雅身边。然而，她努力赶工完成的剧本，竟然没有通过。导演们一再挑剔，她屡屡修改，竟然被屡屡打回。

这次退稿，就像最后一根稻草，彻底压垮了张爱玲。从出道写作到现在，她什么时候遭受过这种羞辱？她的稿子竟然要一改再改，仍然得不到通过？

愤怒之余，她不免也生出一些自我怀疑：难道我真的退步了？难道我真的写不了了？这种怀疑才是最伤人的，要知道，她是怀着满腔雄心回国的。

剧本《红楼梦》始终没有通过，这意味着三个月的苦工全部打水漂了。

分文无收让张爱玲的心情极为低落。本来就心情抑郁的她，现在陷入了深深的沮丧，她既要担心赖雅的身体，又要纠结剧本结构的修改，各种事情交错到一起，仿佛一张网困住了她。

她手脚都肿了，焦躁失眠，独自苦撑，"疯言疯语"成了她唯一能舒缓心情的方式。

为了解决在香港的生活困境，张爱玲生平第一次向人伸手借钱，即便对方是她的好友，也无法消弭她心里的羞惭。曾经她连开口向父母要钱都觉得为难，如今竟然沦落到借钱。

宋淇夫妇爽快地借了钱，他们婉言建议张爱玲在修改《红楼梦》剧本期间，重新创作另一部剧本，稿酬为八百美元。

钱虽然不多，却足以帮助张爱玲和赖雅生活四个多月。

张爱玲点头应允了。

卖文为生，本来就是一件微妙的事，如果卖得好，反倒不让人觉得俗气。就像张爱玲从前一字千金，人人只会觉得她是文化人，是风雅人。但如果卖不出去呢，没有人会觉得是时运不济，只会怀疑你压根没有才华。没有才华偏偏要吃这碗饭，注定遭人嘲笑。

张爱玲曾经名满天下，不愁卖不动稿子，如今落魄，更显得可怜。江郎才尽，更惨过美人迟暮，让人看着就心酸，还不如一开始就无才而默默无闻。

"宋家冷冷的态度令人生气，尤其他认为我的剧本因为赶时间写得很粗糙，欺骗了他们。宋淇告诉我，离开前会付新剧本的费用……"

想到伤心处，张爱玲甚至有些埋怨自己的朋友。她觉得宋淇似乎变得有些冷漠，偶尔见面也是爱理不理。

其实，宋淇夹在张爱玲与影视公司之间，有着自己的难言之隐，而他不经意流露出的些许质疑，不小心刺激到了张爱玲的敏感神经。

雪上加霜的是，张爱玲提前完成的新剧本，竟然又一次没有达到宋淇的要求。

她写信给赖雅说："暗夜里在屋顶散步，不知你是否体会我的情况，我觉得全世界没有人我可以求助。"

或许，这种无助不仅源自生活上的困窘，更因为写作上的瓶颈。这两部剧本只是一个由头，真正让人沮丧的，是她已经很久没有写出让自己满意的作品。在美国，有文化的鸿沟横亘着，可是到了中国香港，她依然交不出一份漂亮的成绩单。

她写的还是自己曾经擅长的剧本。是有什么东西已经变了吧，以前的口味已经不适用了，就像她当年写完《十八春》以后，敏锐地察觉到应该改写无产阶级的故事一样。她的敏锐一直都在，只是，她对这种改变不适应，那时逃到了美国，现在又能逃到哪儿去？

这时，病情稍稍好转的赖雅再次写信过来。他在纽约找了一个公寓，极力鼓动妻子回来。张爱玲心力交瘁，立刻买票从香港飞回了华盛顿。

总有人质疑，张爱玲到底有没有爱过赖雅？她究竟是想找一个依靠，还是真的对这个年长的男人动过心？不管怎么样，她对这个男人是依赖的，尤其是在她引以为傲的写作上，除了胡兰成，只有赖雅能让她信任。

赖雅一直等待着张爱玲的回归，他像一只守着巢的孤鸟，等待着伴侣。张爱玲是三月十八日的飞机，他迫不及待，三月十七日就到机场走了一趟。

　　他甚至一度超越了她信任的宋淇夫妇。

　　当然，尽管这次张爱玲和宋淇夫妇有些摩擦和不愉快，但他们始终是她信任的朋友。在人生的最后阶段，她更是赠出了自己的所有财产，让他们获得了丰厚的利润。

人物一个个地散场，故事终于要落幕了。

　　可是爱和恨完不了，香还没有烧完呢，永远有股袅袅的烟，呛人落泪。

　　安息香，这个名字就透着祥和，静静地闭着眼小憩。它最早从波斯传过来，取自辟邪树，外形与颜色都像胡桃瓣，味道芳香而微微辛辣。

　　安心，息事，可得乐。

第八炉香　安息香

安息香

倾世之才，倾城之恋

张｜爱｜玲｜传

大隐于市

　　她很迅速地把小刀抽出了鞘，只一刺，就深深地刺进了她的胸膛。

　　项羽冲过去托住她的腰，她的手还紧抓着那镶金的刀柄。项羽俯下他的含泪的火一般光明的大眼睛紧紧瞅着她。她张开她的眼，然后，仿佛受不住这样强烈的阳光似的，她又合上了它们。项羽把耳朵凑到她的颤动的唇边，他听见她在说一句他所不懂的话：

　　"我比较欢喜这样的收梢。"

——《霸王别姬》

小别重逢，赖雅明显比以前更依恋妻子。

张爱玲睡觉时，他会目不转睛地盯着那张睡颜，由衷地觉得真美。

张爱玲外出时，他会焦虑不安。有天下午，赖雅从图书馆回家，发现张爱玲不在，等了许久，仍然不见她回来。到了傍晚，他再也按捺不住，打电话给牙医，询问她是否在那儿，得到否定的答案后，他着急得要打电话报警。

张爱玲那时并不轻松，租住在廉价的公寓里，为了增加收入，养家糊口，她接了很多文字改编工作。没多久，张爱玲申请了迈阿密大学的驻校作家，把赖雅接了过去，一边照顾他，一边写作。

但赖雅的身体越来越糟糕。在华盛顿时，有一天他从图书馆出来，在街上跌了一跤，跌断了股骨，活动更加不便，张爱玲不得不分出更多精力照料他。后来，他又中风了，瘫痪在床上，大小便失禁，完全丧失了自理能力。

他瘦得只剩下一把骨头，整天躺在床上，再也不是那个风度翩翩的才子模样。每次有亲友来看他，他都把头扭向墙壁，不愿让大家看到他的落魄。

一九六七年九月，张爱玲辗转到了拉德克利夫女子学院。尽管生活颠沛流离，但她始终对赖雅不离不弃，他的病床前，总摆放着一张简陋的军用床，方便她在一旁随时照顾。

几个月后，在一个秋风萧瑟的日子，赖雅永远地离开了张爱玲。

这对张爱玲来说，既是解脱，又是损失。她本来是一个柔弱的女人，为了贫病交加的赖雅，她奉献得够多了，甚至磨损了自己的文学天分。但她也永远失去了自己的丈夫，尽管他羸弱，但他是一个知心人。

他的离开仿佛也带走了张爱玲。明明生活轻松了很多，时间多了起来，经济也相对宽松了些，张爱玲却封闭了自己，开始了一段在闹市中的隐居生活。

她静静地待在自己的小公寓里，足不出户，除了修改旧作，她主要的精力都放在翻译《海上花列传》上。

这一年，张爱玲才四十七岁，不论作为女人还是作为作家，都还没有燃烧殆尽。但是她自己叫停了，她把那团火熄了。

是因为赖雅的去世吗？爱人的离世也带走了她的创作激情？

是心灰意冷了吗？之前写作上的不顺利，让她对自己产生了怀疑？

都不是。

张爱玲不是什么爱情至上主义者，也不是盲目悲观主义者。有人说，她完全有可能再盛开一次，可是她已经尽力了。

她年少成名，想写的，都已经写过了；她半生坎坷，哭的笑的，都已经轮过一遍；她天生是当作家的人，短短小半生，写尽了别人的一辈子。

她辉煌过，她跌倒过，她挣扎过，她失意过，她骄傲过。再盛开一次？她已经耗干心血了，还不如在旧梦里做个新梦。

有句话说，没有人是一座孤岛，张爱玲却说自己是一座孤岛。

她主动把自己孤立于这个世界之外，是巅峰之后的大隐于市，也是自小就有的孤芳自赏。

与张爱玲本人的低调不同，她的作品再一次掀起高潮。

一九六七年，她的小说《怨女》在香港《星岛日报》上连载。

这部《怨女》的问世堪称一波三折。它脱胎于《金锁记》，张爱玲为了能在美国出版小说，特意把它翻译成英文，并起名"*Pink Tears*"（《粉泪》），可惜仍然不被看好，她便又整理改名为"*The Rouge of the North*"（《北地胭脂》），拖了许久才找到公司出版，但反响平平。张爱玲再次动手，把它由英文译回中文，便是这部《怨女》。

1968年，《怨女》在台湾出版，广受好评，当然，这只是一个开始。她的苍凉与华丽，终于在故国乡土生了根，冒出芽，茁壮成长起来。

这些成就的取得离不开一个人，他就是台湾皇冠出版社的老板平鑫涛。他还有一个身份——当年中央书店老板平襟亚的侄子。

二十多年前，张爱玲没有把《传奇》交给平襟亚出版；二十多年后，她的著作出版权却还是花落平家，这不能不说是缘分。

提到平鑫涛和张爱玲的缘分，必须要感谢一个人，那就是宋淇。如果没有这位"红娘"的牵线搭桥，台湾恐怕掀不起那万人空巷的"张爱玲热"。

一九六五年，平鑫涛与宋淇在香港相识，宋淇自然是极力推荐张爱玲的作品。作为一个书迷，平鑫涛欣赏张爱玲的华丽和苍凉；作为一个成功的出版商，平鑫涛敏锐地看到了张爱玲身上的商机。他趁热打铁，所出版的张爱玲作品，毫无疑问都成了那时候的畅销书，比如《半生缘》《流言》《张看》等。

这样密集的出版，让张爱玲一举成为台湾最红的作家，丝毫不亚于她当年在上海的盛况。这股"张爱玲热"，在一定程度上保障了张爱玲的主要经济来源，让她晚年得以衣食无忧。

她虽然有了钱，却没有了从前挥霍的念想。她完全离群索居，即使有朋友邀请她上门做客，她也很少说话，去过两次，就不会再答应任何邀约。她住的公寓时常换，因为总有慕名而来的读者找上门。

曾经有个女记者一路打听，竟然找到了张爱玲的家，用各种理由要采访她，可惜屡次遭到拒绝。

为了接近自己的偶像，她竟然搬到了张爱玲的隔壁，时时刻刻盯着隔壁的动静。

张爱玲虽然不爱出门走动，但她总有要出门的时候，比如倒垃圾。这个女记者偶然见到张爱玲出门倒垃圾，灵机一动，打起了垃圾桶的主意。她每日都去翻垃圾桶，就为了从垃圾中找出一些和张爱玲相关的蛛丝马迹。

张爱玲浑然未觉，她不知道自己废弃的一些文稿已经到了女记者手上。对方挑挑拣拣，拼拼凑凑，竟然创造出了几篇关于张爱玲日常生活的文章。

没多久，这些独家文章就开始见报，向大众揭露张爱玲的独居生活："她真瘦，顶重略过八十磅[1]。生得长手长脚骨架却极细窄，穿着一件白颜色衬衫，亮如佳洛水海岸的蓝裙子……"

这些文章立刻引起了读者的狂热追捧，大家议论纷纷。这时，张爱玲收到消息，早就搬了新住址。

她对房子没有太多的讲究，把年轻时候花里胡哨的喜好都扔了，只喜欢公寓干净而整洁：起居室如雪洞一般白，墙上没有任何装饰物或者画片，一排落地长窗，拉开白色纱幔，可见梧桐树绿、近海水蓝。

她屋里连张书桌都没有，只有一张放在床头的小几——伏在小几上写作是她在香港工作时的习惯。每晚，她几乎都要熬到天亮才睡，到

1. 1磅=0.4536千克。——编者注

中午时才起来，因此大家都说她是"与月亮共进退"的人。

饮食方面，她几乎到了极简的地步，一天只吃半个英式松饼。她曾经喜欢吃鱼，但是怕血管硬化，遵医嘱不再吃了。但她自小就有吃零食的习惯，如今还是没改，将一天所需的热量，一点一点分开来吃。

她现在已经不喜欢购物了，尤其不再买书，她说："一添置了这些东西，就仿佛生了根。"

她把所有的时间都消耗在屋子里，与外界唯一的联络就是通信，对象依然是宋淇夫妇，他们多年前的不快已经消除。

张爱玲这时候和很多朋友都不再联系，包括炎樱。

她在给邝文美的信里写道："Fatima[1]并没有变，我以前对她也没有illusions[2]，现在大家也仍旧有基本上的了解，不过现在大家各忙各的，都淡淡的，不大想多谈话。"

是初来美国时留下的隔膜吧，一个春风得意，事业和婚姻都美满如意；一个步履维艰，伤痕累累，前路雾霭茫茫。偏偏炎樱又不是细腻体贴的人，看着张爱玲搬到文艺营，也不曾留心过她是否手头拮据；听闻她打胎，只是打电话来问"有没有打下来"，也不曾对她那时的为难和窘迫表示关心。

---

1. Fatima，即炎樱。——编者注
2. illusions，即幻想。——编者注

或许，有些友情真的只能存在于年少时，就像张爱玲和炎樱。

她们其实一直不是同路人，各有各的性情，只不过年轻时遇到了，机缘巧合做了朋友，后来渐渐走上不同的路，自然就有了矛盾。

炎樱结婚时，给张爱玲寄了请帖，而张爱玲连问对方丈夫是什么情况的心思都没有。炎樱写过来的几封信，她也一直未回，那时候她和赖雅正处在水深火热的境地，没有更多的精力分给旧友，而炎樱偏偏还来夸耀自己赚了多少钱。

不说，不理，不念，这已经是一种表态了。

炎樱察觉到了这种表态，伤心不已。她做错了什么呢？她不过是和从前一样没心没肺，但张爱玲已经不是那个和她说笑逗趣的搭档了。

张爱玲寡居多年，炎樱却写信过来炫耀自己的幸福，她是不缺桃花运的，丈夫换了一个又一个。"你有没有想过我是一个美丽的女生？我从来也不认为自己美丽，但George[1]说我这话是不诚实的……"

这些话，让张爱玲看了，只觉得是浅薄的显摆而已，她连敷衍着叫好也不愿意。

在冷冷清清的独居生活里，她唯一的牵念就是姑姑。

一九七九年，张爱玲突然收到姑姑的信，这是她们分开十数年来姑姑的第一封来信。

---

1. George是炎樱的丈夫。——编者注

原来，张茂渊结婚了。

已经七十八岁的她终于喜结良缘，新郎竟然是她的初恋情人李开第。

想想当年在香港受到李开第的照顾，再想想姑姑这么多年始终没有结婚，这桩婚事真是让人感慨万分。

能在人生的最后阶段，用爱来完善凄凉的过往，无疑是件美好的事。更让她惊喜的是，姑姑仍旧住在往日和她同住的那个公寓。

张爱玲回信叹道："我真笨，也想找你们，却找不到，想不到你们还在这个房子住。"

此后，她们断断续续地开始通信。

卷二

未见团圆

　　日子过得真快——尤其对于中年以后的人，十年八年都好像是指缝间的事。可是对于年青人，三年五载就可以是一生一世。他和曼桢从认识到分手，不过几年的工夫，这几年里面却经过这么许多事情，仿佛把生老病死一切的哀乐都经历到了。

——《半生缘》

一九八一年底，内地文坛终于再一次出现了张爱玲的名字，尽管只是一篇报刊文章，但它就像冰层下的裂缝，春风入怀，她又有了生机。

张子静比谁都高兴，因为他比谁都希望姐姐能回来。

张家，已经彻彻底底地没了，悠闲舒适的日子也没了。身为男主人的张廷重，在挥霍无度的享乐和沉沦之后，因为肺病去世了，把家产耗得干干净净。而曾经同样奢靡的孙用蕃，不得不节衣缩食，和继子张子静挤在一间只有十四平方米的房子里。

因为老宅早就变卖了，积蓄也花完了，好在张家在青岛还有一处房产，每年会发放一千多元的定息，他们就凭着这些钱过日子。孙用蕃还常常揽些活干，以贴补家用。

谁能想到，当初张爱玲愤恨地为弟弟打抱不平，到最后陪着弟弟的，不是她，也不是黄素琼，而是这个后母。

张子静一直未婚。

曾经有人给他说媒，人家姑娘提出要一块手表做彩礼，他拿不出钱，这门婚事只好不了了之。他只是个穷教师，先后换了好几所学校，因为任教的小学升格为中学，他也就成了中学教师。

孙用蕃去世后，他一个人无依无靠，和张爱玲一样，两人都过着独居生活，但一个是主动，一个是被动。

张子静对远在异乡的姐姐，始终惦念着，独居的他深知一个人生活的不易。他喜欢把小屋的门开着，邻居进进出出，多少能看到屋里的动静，要是有什么意外，也能帮衬一把。想到张爱玲也是这般境况，他总会惆怅许久。

但是，远在大洋彼岸的张爱玲似乎忘了这个弟弟。她只和姑姑通信，而张子静和姑姑素无联系，所以他一直不知道姐姐的消息，他是通过美国的朋友以及国务院侨办，才和姐姐取得联系。

张爱玲毫不避讳地向他挑明："传说我发了财，又有一说是赤贫。其实我勉强够过，等以后大陆再开放了些，你会知道这都是实话。没能力帮你的忙，是真觉得惭愧，惟有祝安好。"

或许，是张子静在信里暗示了自己的困窘，但张爱玲并没有回应。她对弟弟仍是淡淡的，也不愿有钱财上的牵扯，但是同一年，她得知姑姑生病，国内经济又不太好，便急着想给姑姑汇钱，希望姑姑的日子好过些。

这是很让人费解的地方，为何张爱玲对弟弟冷情至此？她明知道弟弟困难，却一次都没有伸出援手。有读者因此认定张爱玲不近人情，血肉至亲，何至于如此提防？

翻遍《小团圆》，书里有个小细节：张爱玲被父亲责打，关在家里时，偶然间看到张子静写信给舅舅家的表哥："家姊事想有所闻。家门之玷，殊觉痛心。"她认为弟弟在污蔑她的名声，暗指她夜不归宿，败坏门风，心里气极了，从此对张子静心存芥蒂。

张子静当时已经是十多岁的少年，到底是他有意，还是张爱玲多心，谁也说不清了。但姐弟一场，情分如此凉薄，让人免不了唏嘘。

小时候，他们曾经那么要好，冬天里，一起让用人拿筷子绞麦芽糖吃，"那棕色的胶质映着日光像只金蛇一扭一扭"。张爱玲回忆起这些，总说弟弟脆弱得像苏打饼干，她恨不得隔着被窝搂紧了他。可惜她后来忘了，忘了弟弟的脆弱，忘了自己爱护过这个小男孩。

岁月寒凉，一点点吹冷了那个少女的心。

张爱玲心里记挂的只有姑姑，连母亲黄素琼去世时，她也没有赶过去见最后一面，更别提张廷重。

一九九一年，姑姑张茂渊患上乳腺癌，曾写信给张爱玲，希望她能回国。

言之切切，动容动心，姑姑人生的最后一个要求，就是希望见见侄女。她的亲人缘同样浅薄，没有生下一儿半女，和哥哥家断了关系，和嫂嫂也闹过不愉快，最后分道扬镳，唯一有些情分的就是张爱玲。尽管她们住在一起的时候，也算得清清楚楚，但到底彼此陪伴了那么久。

张爱玲内心也十分痛苦。姑姑一直扮演了母亲的角色，陪伴她，照顾她，鼓励她，分别十数年，她又何尝不想这个亲人？

她左右摇摆，最后还是硬下心肠，在回信中拒绝了姑姑的请求。

其实，信寄到时，姑姑已经在遗憾中悄然离世。她在信中还不忘再三叮嘱家人，信读后一定要烧掉，免得地址为他人知道。

她一直拒绝回国。其实早在一九八二年时，就有北大著名学者邀请她到北大做一次私人访问。

张爱玲拒绝了，直言并不想回国："我的情形跟一般不同些，在大陆没什么牵挂，所以不想回去看看。去过的地方太少，有机会也想到别处去……"

据说这里所说的"别处"，就是欧洲。或许，是留在上海的记忆太惨痛，她不愿再去触及；或者，是当年的"香港之行"留下了创伤，她不愿再破坏心目中的美好，宁可默默地叨念着。

中国的读者翘首期盼着这位天才女作家。

短短几年时间内，《倾城之恋》发表，夏志清的《中国现代小说史》中译本发行，柯灵的文章《遥寄张爱玲》发表，旧版《传奇》和《张爱玲文集》先后出版，掀起了第一股"张爱玲热"。

张爱玲就此成为家喻户晓的一个"传奇"。

女作家们纷纷效仿张爱玲，文章中大量地涌现"地子""芯子"等词汇。当然，不是谁都有她那样苍凉而华丽的底蕴。

这番盛况，远在大洋彼岸的张爱玲也有所耳闻。但她无暇顾及，只安安静静地待在自己的小公寓里，足不出户。

提到张爱玲的晚年生活，不得不提一个人，那就是林式同。

他是一名工程师，既不热爱文学，也不迷恋张爱玲，但正因为如此，才被介绍给张爱玲为她工作，因为实在有太多读者来骚扰这位静修的老人。

第一次见面，林式同就觉得张爱玲是个怪人。

他事先在电话里约好了时间，可是等他上门后，怎么敲门也没有人应。想到张爱玲不见客的脾性，他只好耐着性子做自我介绍："张女士！我是庄先生的朋友，我姓林！他托我拿东西给您！我跟您通过电话！"

张爱玲这才有了回应，但依然不让他进门，带着一点抱歉说："我衣服还没换好！请你把东西摆在门口就回去吧！谢谢！"

林式同既惊讶又不解，原来外界视为传奇的女作家是这样的。他刚走到电梯口，就听到身后有开门关门的声音，回头一看，刚才留在房门口的黄色信封已经不见了。

她连自己的助理也不见。

直到一年后，张爱玲为躲"跳蚤"开始频繁搬家，不得不求助于林式同，才打电话把林式同约出来，两人这才碰面。

那天，她穿着一件灰色的灯笼衣，头上包着灰色的方巾，整个人瘦而高，姿态优雅地走过来。

即使不是张爱玲的粉丝，林式同也一下子为她的风采所倾倒，承认这位女作家确实潇潇洒洒。

时间真让人改头换面，那个喜欢奇装异服的传奇女子，鲜活过岁月，如今也灰暗了。

张爱玲正饱受"蚤子"之苦，据她说，家里总是有跳蚤，小得肉眼看不见，试过许多方法，也消除不掉。她去看医生，医生难以置信，疑心是她心理有问题，但又不便明说。

到底是她娇生惯养，真的忍受不了那看不见的跳蚤，还是她心理状况不佳，频频出现幻觉？谁也说不清楚，但因为这个缘故，张爱玲的搬家行径更疯狂了。

从一九八四年八月到一九八八年三月这三年半时间内，为了躲"跳蚤"，她平均每个星期搬家一次，而林式同也成了她的专属搬家工和看房代理人。

或许是几年的相交，让张爱玲对这个年轻人有了信任感。有一天，她突然给林式同寄了一份遗嘱副本，内容是后来众所周知的："一、一旦弃世，所有财产将赠予宋淇先生夫妇。二、希望立即火化，骨灰应撒在任何无人居住的地方，如在陆地，应撒在荒野处。"

　　林式同吓了一大跳。他这时俨然是张爱玲的粉丝了，她的作品、她的风采，相处久了，就如同化香沾衣，自然而然地让人倾倒。

　　她写过那么多传奇，她自己已是传奇，传奇怎么会消逝呢？他没有想到，这份遗书副本竟然真的会派上用场。

　　一九九五年九月八日，中国的"中秋节"前一天。

　　林式同刚回到家，就接到了一通电话："你是我知道的惟一认识张爱玲的人，所以我打电话给你，我想张爱玲已经去世了。"

　　起初，林式同以为这只是玩笑话，他不久前才和张爱玲通过电话，怎么突然就过世了呢？房东女儿隐晦地表示，她好几天没有听到屋子里有动静了，她已经叫了救护车，希望林式同能赶紧过来看看。

　　林式同连忙往张爱玲的公寓赶，一路上都浑浑噩噩，不敢相信这是事实。

　　他没有见到张爱玲最后一面，她在六七天前就已经悄无声息地离开了。

　　房间里的灯开着，她安静地躺在那张行军床上，穿着赭红色的旗袍，身下垫着一张灰蓝色的毯子。

　　她似乎睡着了，神态安详，只是出奇地瘦。

　　没有人知道，原来她有心血管疾病。

　　房东一直以为她是精神上的疾病。她总是看到张爱玲面壁而坐，不知道在说些什么。起初以为她在念佛，可细听又不是。

有一次，她忍不住问："您需要帮助吗？"张爱玲回过头来，有些自嘲地说："对不起！慢待您了，真有点不好意思！请您理解，我在与我的妈妈说话呢。来日，我一定会去找她赔罪的，请她为我留一条门缝！"

告别这人世时，张爱玲在想些什么呢？依然喃喃自语吗？

在大限将至时，她会不会看到自己的童年呢？那个梳着童花头的小女孩，抱着妈妈从英国寄回来的玩偶，和弟弟依偎在一起。

那时，天很蓝，日头很暖。

尾语

只有香如故

世间不再有这样的传奇女子。

她是天生的。

就像一炉好香，可遇不可求，烧完了，就没有了。后来的人再怎么琢磨，同样的配方，同样的香料，韵味始终是不同。

张爱玲算一流作家吗？

或许不算。

她天分绝高，写起故事来，惊艳得让人害怕。好似她和这人世相互掐着脖子厮打，什么算计都搬到了日光底下，偏偏还姿态漂亮。

同时代的作家里，真没有几个人比得上张爱玲。

故事讲好了，想得不如她多；想得多了，写得不如她透；写得透了，语言不如她美……别的作家，笔下的白话就像线条流畅的素描，功力再好些，就像给素描上了层色。而张爱玲不同，她写的每个字、每句话，就是丝线一针一针绣出来的花鸟，又美又生动。

她的比喻尤其鬼斧神工，谁也学不来，后来她自己也学不来了。

"一种失败的预感，像丝袜上一道裂痕，阴凉地在腿肚子上悄悄往上爬""生命是一袭华美的袍，爬满了蚤子""薇龙那天穿着一件磁青薄绸旗袍，给他那双绿眼睛一看，她觉得她的手臂像热腾腾的牛奶似的，从青色的壶里倒了出来，管也管不住，整个的自己全泼出来了"……

这样的句子，只能靠天分。

但是可惜，她没有再往前走，原因是她不肯往前走了。

她写得最好的作品，都是脱胎于自己的少女时期。是一个二十五岁之前的少女，对旧式家庭的打量，对长辈的审视和窥探，对情感的渴求，对性爱的摸索……

再往后就没有了。

　　她所有早期作品里的故事，写的其实不是婚姻，也不是生活，而是她作为少女的一种揣度，一种通过观察他人而得到的印象。她没有进入这些故事，而是以旁观者的身份，用笔画了下来。

　　所以胡兰成说，张爱玲是民国的临水照花人。

　　这句评价相当精准了，花的影像就在水里，但始终和水隔着，无法融入。

　　她的故事都是好故事，但那始终是作为旁观者看来的。而她真正开始谋生和谋爱以后，作为当事人登场，她却已经写不了什么故事了。

　　她兜兜转转几十年，从来没有走出那一段童年。

　　王小波曾经说，张爱玲的小说都是幽暗小说，他不喜欢。确实，她的格局不大，她写过很多跳不出自己圈子的女人，最有代表性的就是《茉莉香片》，她说女主人公是绣屏上的一只鸟，羽毛灿烂，却逃不了，死了，蛀了，也在屏风上。

　　她没有发现，她自己也活成了这样。

　　有什么关系呢？这并不妨碍大家喜欢张爱玲。

　　她成了众人口中的传奇，成了民国的标签，成了小资的代名词，成了上海一个苍凉而华丽的手势。

我总疑心，这种喜欢是叶公好龙。这就仿佛一个男人追求女人，看上了那副美丽的皮囊，可那是多好的一个女人啊，就这样让他得手了，总是让人不甘心，因为她的好，远远不止他所能看到的这些。

总有人把张爱玲当民国版的爱情导师，又有人跳出来一脸得意地说从来不看张爱玲，以此显示他的品位不俗。

可是张爱玲什么时候写过爱情呢？她笔下有那么多男男女女，有那么多声色，还真没有一个纯粹意义上的爱情故事。

《金锁记》是曹七巧的爱情吗？是一个出身低下的女人，在情欲和物欲的夹缝里艰难求生，活得人不人鬼不鬼。《倾城之恋》是白流苏的爱情吗？是一个离婚的女人，在有限的家世条件和自身条件下，精明地盘算和进退，利用婚姻实现第二次投胎。《沉香屑》是葛薇龙的爱情吗？是一个见了世面的女人，在物质面前低下头，花了心，迷了眼，清醒地堕落……

满纸风花雪月，又不只是风花雪月。

我以为，如果只是以爱情导师来评价张爱玲，这是对她的浪费。

诚如张爱玲自己所说，"没有一样感情不是千疮百孔的"。她的重点从来不在"感情"，而在"千疮百孔"。

《花凋》里的郑先生，是个养尊处优的遗少，一辈子没有担起父亲的责任，糊里糊涂地带大孩子，又稀里糊涂地误了孩子。《红玫瑰与白玫瑰》里，振保被红玫瑰的热情和肉欲吸引。在红玫瑰愿意死心塌地地跟着他后，他却急急忙忙地抽身，为自己娶了一个安全的太太。多年以后，他发现自己所谓的老实太太竟然出轨，而那朵不安分的红玫瑰竟然真的成了贤妻良母。《半生缘》里的世钧和叔惠，是她所有作品中最像男人的男人，然而一个过于懦弱退缩，另一个将自己的男子自尊心看得高于感情，白白耽误了两个好姑娘，拼凑了两段不幸福的婚姻……

在她看来谁都不可靠，父母、爱人、朋友，每一段关系的维持，其实都是一种变相的算计。

这不是她的凉薄，这是她的聪明。

一个太聪明的女人，总是显得不够可爱，也不容易快乐，因为她丧失了信任。作为读者，我们不应该觉得可恨，而应该生出几分可怜和可惜。

因为说到底，她就是一个没有得到幸福的女人。

张爱玲其实比她的任何一个女主角都真诚得多。

她对胡兰成是真的，不为钱，只因他不请自来的熟稔和亲热。爱是热，被爱是光，她和他在一起，就像钻进太阳里，暖到了自己，但燃烧的其实也是自己。

她对桑弧也是真的，带着求而不得的失意，怪只怪时机不对。他是最好的他，她却已经耗完了最好的自己，拿什么来配得上他呢？只好乖乖拱手让人。

她对赖雅也是真的，即使在最困难的时候也不离不弃，生生把两个人磨成柴米夫妻。

可惜，他们每个人留给张爱玲的都是伤痛，或是精神上的，或是身体上的。她没有怨憎过，但她的心血就这样一点点耗完了。

"这是一个热情故事，我想表达出爱情的万转千回，完全幻灭了之后也还有点什么东西在。"在人生最后的阶段，她想完成《小团圆》，几度删改，可惜终究没有如愿。

这就是一个悲伤的隐喻吧，人间浩渺，难得团圆。

她从来没有得到过一份毫无保留的爱。

或许这样的机会是要留给每个读者。多少人喜欢张爱玲啊，她的孤，她的傲，她的冷，她的漠然，都被喜欢着。

因为，我们懂得。

附录

张爱玲生平大事记

1920年

9月30日，张爱玲出生于上海，乳名张煐。

1921年

9月20日，张爱玲抓周，抓了一个小金锭。

弟弟张子静出生。

1922年

父母由上海迁到天津，住在法租界内的张家旧宅。

1923年

张爱玲开始背诵唐诗。

1924年

母亲黄素琼与姑姑张茂渊结伴赴欧游学。

母亲走后，父亲的小妾住进家中。

1927年

开始学写小说，写了一篇无题的家庭伦理悲剧。

1928年

此年前后，张爱玲大量阅读通俗小说与古典名著，如《西游记》《红楼梦》等。

父亲带着张爱玲姐弟从天津搬回上海。

母亲与姑姑由英国游学归来，父亲与母亲短暂地和好。

张爱玲开始学习弹钢琴。

1930年

春，父母再次失和，协议离婚。

夏秋，张爱玲入读上海黄氏小学。

1931年

秋，进入圣玛利亚女校。

1932年

张爱玲在圣玛利亚女校校刊《凤藻》上发表短篇小说《不幸的她》，这是张爱玲最早公开发表的作品。

1933年

散文《迟暮》发表在圣玛利亚女校校刊《凤藻》上。

1934年

张爱玲开始写长篇章回小说《摩登红楼梦》，父亲帮着拟了回目，共六回。

张爱玲升入圣玛利亚女校高中。

1936年

秋，汪宏声成为张爱玲的国文老师，在作文课上，他极力赞赏张爱玲的作文《看云》。

散文《秋雨》发表于圣校校刊《凤藻》上。

母亲黄素琼从英国回来。

张爱玲在文学社刊物《国光》上发表读书札记，评论《烟火愁城录》《无轨列车》与《在黑暗中》。

1937年

在圣校校刊《凤藻》上发表随笔《论卡通画之前途》、英文散文《牧羊者素描》《心愿》。

在文学社刊物《国光》上发表小说《霸王别姬》，引来全校师生的关注。

夏，张爱玲从圣玛利亚女校毕业。

张爱玲向父亲提出到英国留学的请求，遭到父亲和后母的拒绝。

张爱玲与后母起了争执，遭到父亲的责打，被囚禁在家。后姑姑张茂渊上门说情，被打伤住院，兄妹自此不再往来。

1938年

张爱玲逃出父亲家，投奔母亲。

1939年

张爱玲以远东考区第一名的成绩考入英国伦敦大学，但因赶上第二次世界大战，改入香港大学读书。

张爱玲参加上海《西风》杂志举办的三周年纪念征文，写了《天才梦》应征。

认识了炎樱，两人成为好友。

1940年

《天才梦》获奖。

1941年

日军攻占香港，张爱玲参加"守城"工作，在临时医院做看护。

1942年

香港大学停课，张爱玲回到上海。

在父亲的资助下，张爱玲转入圣约翰大学。

开始用英文写影评和剧评。

1月，张爱玲在英文月刊《二十世纪》上发表《中国人的生活与服装》，此文后以中文重写，题为《更衣记》。

初春，张爱玲带着《沉香屑：第一炉香》和《沉香屑：第二炉香》，上门拜访鸳鸯蝴蝶派刊物《紫罗兰》的主编周瘦鹃。

5月，发表影评《妻子，狐狸精，孩子》；在《紫罗兰》月刊登载《沉香屑：第一炉香》。

6月，发表影评《鸦片战争》；在《紫罗兰》月刊发表《沉香屑：第二炉香》。

7月，在《杂志》月刊发表短篇小说《茉莉香片》。

8—9月，发表影评，评影片《自由魂》《两代女性》和《母亲》；在《万象》杂志发表小说《心经》。

10月，发表无题影评，评电影《万紫千红》和《燕迎春》；在《杂志》月刊发表小说《倾城之恋》。

11月，发表影评《中国的家庭教育》，评影片《新生》和《渔家女》；在《天地》杂志发表小说《封锁》；在《万象》杂志发表小说《琉璃瓦》。

11—12月，在《杂志》月刊分两次刊登小说《金锁记》。

12月，发表散文《妖魔神仙》和《公寓生活记趣》。

1944年

1月，散文《道路以目》在《天地》月刊发表。

同月，散文《必也正名乎》在《杂志》月刊发表。

1—6月，长篇小说《连环套》开始在《万象》月刊连载。

2月初，胡兰成来到上海，登门拜访张爱玲，两人相识相爱。

2月，散文《烬余录》在《天地》月刊发表。

同月，小说《年青的时候》发表。

3月，《谈女人》在《天地》月刊发表。

3月16日，《杂志》月刊社主持召开女作家座谈会，张爱玲出席。

同月，小说《花凋》在《杂志》月刊发表。

4月，《论写作》和《爱》《有女同车》《走！走到楼上去》在《杂志》月刊发表。

5月，散文《童言无忌》《造人》在《天地》月刊发表。

5月5日，散文《夜营的喇叭》在《新中国报·学艺》杂志发表。

同月，著名翻译家傅雷化名"迅雨"，在《万象》杂志发表《论张爱玲的小说》，对《连环套》提出中肯的评价。

5—6月，胡兰成在《杂志》月刊发表《评张爱玲》，对张爱玲的作品不遗余力地赞扬。

5—7月，小说《红玫瑰与白玫瑰》在《杂志》月刊连载。

6月，散文《打人》在《天地》月刊发表。

7月，散文《私语》在《天地》月刊发表。

同月，《说胡萝卜》在《杂志》月刊发表。

同月，《自己的文章》在《新东方》杂志发表，对傅雷的批评进行辩解。

同月，《连环套》在《万象》杂志连载中断。

8月，散文《诗与胡说》《写什么》在《杂志》月刊发表。

8月15日，小说集《传奇》由《杂志》月刊社出版，四天内初版便销售一空。

8—10月，随笔《中国人的宗教》分三次在《天地》月刊连载。

夏秋间，张爱玲与胡兰成结婚。

9月，散文《忘不了的画》在《杂志》月刊发表。

同月，散文《散戏》《炎樱语录》在《小天地》月刊发表。

9月25日，小说集《传奇》再版，换上炎樱设计的封面。

10月，散文《谈音乐》在《苦竹》月刊发表。

11月，散文《谈跳舞》在《天地》月刊发表。

11月19日，散文《被窝》在《新中国报》发表。

12月，小说《等》在《杂志》月刊发表。

同月，《桂花蒸　阿小悲秋》在《苦竹》月刊发表。

同月，散文集《流言》由上海中国科学公司出版，收录散文三十篇，封面由炎樱设计。

同月，《罗兰观感》在《力报》连载，《关于〈倾城之恋〉的老实话》在《海报》发表。

同月16日，由张爱玲编写的话剧《倾城之恋》在上海新光大戏院上演，共八十场，引起轰动。

1945年

1月，散文《气短情长及其他》在《小天地》月刊发表。

2月，散文《〈卷首玉照〉及其他》在《天地》月刊发表。

同月，小说《留情》在《杂志》月刊发表。

3月，散文《双声》在《天地》月刊发表。

3—5月，小说《创世纪》在《杂志》月刊发表。

4月，散文《吉利》在《杂志》月刊发表。

同月，散文《我看苏青》在《天地》月刊发表。

5月，散文《姑姑语录》在《杂志》月刊发表。

8月15日，日本投降，胡兰成遭通缉，化名张嘉仪潜逃。

1946年

2月，胡兰成在温州一带避难，与村妇范秀美同居。张爱玲来探望胡兰成，两人发生争吵。

1947年

4月，散文《华丽缘》在《大家》月刊发表。

4月中旬，剧本《不了情》被拍成电影，由桑弧导演，被誉为"胜利以后国产影片最适合观众理想之巨片"。

5—6月，小说《多少恨》在《大家》月刊上发表。

11月，小说集《传奇》（增订本）由上海山河图书公司出版，增收新作五篇，封面由炎樱设计。

12月3日，《〈太太万岁〉题记》发表于《大公报》副刊。

14日，《太太万岁》在全上海公映，由桑弧导演。

1949年

2月，张爱玲参与桑弧创作的电影剧本《哀乐中年》。

1950年

4月25日起，长篇小说《十八春》在《亦报》连载，引起强烈反响。

7月，上海召开第一次文学艺术界代表大会，张爱玲应邀出席。

1951年

11月，《十八春》由上海亦报出版社出版单行本。

11月4日至次年1月20日，中篇小说《小艾》在《亦报》连载。

1952年

张爱玲回到香港，寄居香港女青年会，在美国新闻处做翻译，译过海明威的《老人与海》等。

1953年

开始用英文写作长篇小说《秧歌》。

开始写作长篇小说《赤地之恋》。

父亲张廷重去世。

翻译玛乔丽·罗林斯的《小鹿》（英文名为 *The Yearling*），由香港天风出版社出版。后改名为《鹿苑长春》，由香港今日世界出版社出版。

11月，由张爱玲选译的《爱默森选集》在香港天风出版社出版。

1954年

1—7月，长篇小说《秧歌》在香港《今日世界》连载。

7月，《传奇》改名为《张爱玲短篇小说集》由香港天风出版社出版。

10月25日，张爱玲将《秧歌》寄给客居美国的胡适，并给胡适写了一封信。

同年，与人合译《无头骑士》。

1955年

1月，胡适写信给张爱玲，对《秧歌》表示赞赏。

2月20日，张爱玲给胡适回信，寄了《传奇》《流言》与《赤地之恋》的英文本。

秋，张爱玲移居美国。

经炎樱介绍，住进纽约救世军办的职业女子宿舍。

11月，张爱玲与炎樱一道拜访胡适。

同年，胡适到职业女子宿舍来看她，两人最后一次见面。

1956年

春，获得爱德华·麦克道尔写作奖金，住进文艺营。

张爱玲结识了美国左翼作家赖雅，他与著名作家刘易斯、布莱希特交往密切。

8月，张爱玲与赖雅在纽约结婚。

9月20日，英文小说"*Stale Mates*"（《五四遗事》）发表。

同年，张爱玲开始为国际影片发行公司（即电懋前身）编写剧本，几年间先后完成了《情场如战场》《桃花运》《小儿女》等。

1957年

1月20日，小说《五四遗事》在《文学杂志》上发表。

母亲黄素琼在英国逝世。

1958年

由胡适作保，张爱玲申请到南加州亨亭屯·哈特福基金会。半年后，她又与赖雅移居旧金山。

1961年

10月13日，张爱玲抵达台湾，次日与青年作家白先勇等人会面。

10月底，赖雅在美国中风。

同月，张爱玲飞香港，开始创作剧本《红楼梦》。

1962年

年初，张爱玲回美国，与赖雅移居华盛顿。

10月，《南北一家亲》在香港上映。

1963年

3月28日，散文"*A Return to the Frontier*"在美国的《记者》杂志发表。

10月2日，编剧的电影《小儿女》在香港首映。

1964年

7月，编剧的电影《一曲难忘》在香港首映。

9月，编剧的电影《南北喜相逢》在香港首映。

1966年

《怨女》中文版在香港《星岛日报》连载；后在1968年7月由皇冠出版社出版单行本。

1967年

7月，开始用英文翻译《海上花列传》。

10月，赖雅病逝。

1968年

长篇小说《秧歌》《张爱玲短篇小说集》《流言》在台湾皇冠出版社出版。

1969年

《半生缘》由台湾皇冠出版社出版。

6—7月间，张爱玲移居美国西海岸柏克利市，任加利福尼亚大学中国研究中心研究员，为期两年。

同年，在《皇冠》杂志发表《红楼梦未完》，自1969年始，张爱玲研究红楼梦的成果陆续发表于香港《明报月刊》，台湾《皇冠》月刊、《幼狮文艺》等刊物。

1970年

9月，青年作家水晶来柏克利拜访张爱玲，张爱玲因病没有露面。

1971年

5月末，张爱玲参加陈世骧的追悼会。

6月，张爱玲与水晶见面。后根据访谈内容，水晶写了《蝉——夜访张爱玲》。

1972年

翻译的《老人与海》由香港今日世界出版社出版。

秋，张爱玲移居洛杉矶。

1973年

《初评红楼梦》在《幼狮文艺》上刊载。

1974年

《谈看书》在台湾"《中国时报·人间副刊》"上发表。

1976年

《红楼梦未完》由台湾皇冠出版社出版单行本。

5月，散文小说集《张看》由台湾皇冠出版社出版，封面由张爱玲自己设计。

1977年

《红楼梦魇》由台湾皇冠出版社出版。

1978年

3月15日，随笔《对现代中文的一点小意见》，在"《中国时报·人间副刊》"上发表。

11月27日，散文《羊毛出在羊身上——谈〈色·戒〉》在"《中国时报·人间副刊》"上发表。

1981年

11月，张葆莘《张爱玲传奇》在上海《文汇月刊》上发表，这是三十年来中国大陆首次有关张爱玲的文章。

1982年

4月，《海上花》连载于台北《皇冠》杂志，一直连载到1983年11月。

1983年

6月，《惘然记》由台湾皇冠出版社出版。

10月1—2日，《国语本〈海上花〉译后记》在台湾《联合报》副刊发表。

1984年

1月3日，《〈海上花〉的几个问题》在台湾《联合报》副刊发表。

唐文标主编的《张爱玲资料大全集》由台北时报文化出版事业有限公司出版。

同年，《传奇》由上海书店影印出版。

1985年

4月，柯灵的回忆文章《遥寄张爱玲》在《读书》发表。

1986年

《半生缘》由广州花城出版社翻译出版。

12月27日至次年1月18日，《小艾》在台湾《联合报》副刊连载。

1987年

1月，香港《明报月刊》正月号上重刊了陈子善发现的张爱玲的小说《小艾》。

《流言》由上海书店影印出版。

《十八春》由江苏文艺出版社翻印出版。

译作《爱默森文选》由北京三联书店出版简体字本。

5月，《余韵》由台湾皇冠出版社出版。

1988年

《续集》由台湾皇冠出版社出版。

1989年

1月20日，与弟弟张子静通信。

3月间，外出被撞伤。

1990年

9月30日—10月23日，剧本《哀乐中年》被误作张氏作品，在台湾《联合报》副刊连载。

1991年

5月，《赤地之恋》由台湾皇冠出版社出版。

6月，姑姑张茂渊在上海去世。

7月，台湾皇冠出版社决定重新编辑《张爱玲全集》，历时一年完成。

1992年

2月14日，张爱玲签下遗嘱两项："一、一旦弃世，所有财产将赠予宋淇先生夫妇。二、希望立即火化，骨灰应撒在任何无人居住的地方，如在陆地，应撒在荒野处。"

《张爱玲散文全编》由浙江文艺出版社出版。

7月，金宏达、于青主编的《张爱玲文集》（四卷本）由安徽文艺出版社出版。

7月，《天才奇女——张爱玲》（于青著）由花山文艺出版社出版。

1993年

4月3日，张爱玲的三篇佚文《写〈倾城之恋〉的老实话》《罗兰观感》《被窝》，刊于上海《文汇读书周报》。

11月，《对照记》图文在《皇冠》杂志连载。

12月，《张爱玲传》（余斌著）由海南国际新闻出版中心出版。

1994年

《对照记》由台湾皇冠出版社出版。

秋，张爱玲获台湾第十七届"时报文学奖"的"特别成就奖"。

12月，《忆西风》——第十七届"时报文学奖"的"特别成就奖"得奖感言在"《中国时报·人间副刊》"发表。

1995年

9月，《最后的贵族——张爱玲》（胡辛著）由21世纪出版社出版。

9月8日，张爱玲被发现在洛杉矶的公寓去世，死后一星期才被发现。

9月19日，遗体火化。

9月30日，张爱玲的生前好友在加州玫瑰岗墓场为她举行了追悼会。会后，众人将张爱玲的骨灰撒入太平洋。

我要你知道，这世上有一个人是永远等着你的，不管是什么时候，不管在什么地方，反正你知道，总有这么个人。

——张爱玲

一个人在恋爱时最能表现出天性中崇高的质量。

这就是为什么爱情小说永远受人欢迎

——不论古今中外都一样。

——张爱玲

一个男子真正动了感情的时候，
他的爱较女人的爱伟大得多。

——张爱玲

美的东西不一定伟大，
但伟大的东西总是美的。

—— 张爱玲

© 民主与建设出版社，2019

图书在版编目（CIP）数据

倾世之才，倾城之恋：张爱玲传 / 张其姝著. —
北京：民主与建设出版社，2019.4
ISBN 978-7-5139-2437-5

Ⅰ.①倾… Ⅱ.①张… Ⅲ.①张爱玲（1920—1995）
—传记 Ⅳ.① K825.6

中国版本图书馆 CIP 数据核字（2019）第 057097 号

QINGSHI ZHI CAI，QINGCHENG ZHI LIAN：ZHANGAILING ZHUAN
倾世之才，倾城之恋：张爱玲传

出 版 人	李声笑
作　　者	张其姝
责任编辑	刘　芳
监　　制	于向勇　　秦　青
策划编辑	木鱼非鱼　王　琳
文案编辑	苏会领
营销编辑	刘晓晨　　刘　迪　　初　晨
封面设计	格局视觉
封面油画	曹卫红
版式设计	李　洁
内文排版	麦莫瑞
内文插画	视觉中国
出版发行	民主与建设出版社有限责任公司
电　　话	（010）59419778　59417747
社　　址	北京市海淀区西三环中路 10 号望海楼 E 座 7 层
邮　　编	100142
印　　刷	北京中科印刷有限公司
开　　本	889mm×1194mm　1/32
印　　张	8.5
字　　数	160 千字
版　　次	2019 年 7 月第 1 版
印　　次	2019 年 7 月第 1 次印刷
标准书号	ISBN 978-7-5139-2437-5
定　　价	42.00 元

注：如有印、装质量问题，请与出版社联系。